不動産屋にだまされるな

「家あまり」時代の売買戦略

山田寛英
Yamada Hirohide

Chuko Shinsho
La Clef
570

中央公論新社

山田實英

だれもがみな不幸風に

はじめに

不動産屋をのぞいてまず「1ストライク」

「人生で一番大きい買い物はマイホーム」などとよくいわれる。『クレヨンしんちゃん』（臼井儀人、双葉社）でよくしんちゃんが「うちは残り32年、ローンが残っているゾ」などと言うが、家を購入するためのローン期間として、実に全体の54・5％もの人が「35年」を設定している（『平成18年度住宅ローンに関する顧客アンケート調査結果の概要』、住宅金融支援機構）。平均寿命を80歳前後と考えれば、我が国の多くの人は、それこそ人生のおよそ半分、住まいとその支払いに向き合わなければならないといえるだろう。

しかし「年金制度もこの先どうなるか分かりません。老後が心配でしょうし、現役世代は買えるうちに持ち家を」などと甘言をうけてその購入を検討すれば、イヤでも対峙しなければならないのが、不動産業者だ。

もし本気で購入する気があるなら、人生でも5本の指に入るであろう〝大勝負〟が、そこから始まる。しかも、その勝負だけを冷静にながめたなら、あなたはかなりの劣勢で戦いを挑まざるを得ない。そもそも、アマであるあなたとプロである不動産業者では、持っているバックグラウンドや情報量、そして経験に、圧倒的な差があるからだ。何らかの事情で、購入を急いでいるようであれば、心理的にも追い込まれることになり、敗色はさらに濃い。

重いノルマを背負った営業マンの必死かつ研ぎ澄まされたトークの前に思考力は著しく低下。どこかで「だまされてるんじゃないだろうか」「怪しいな」と思いながらも、ここで「1ストライク」を喫する人は少なくない。

マイホームを購入して「2ストライク」

はっきりいって、法律や制度は、21世紀になった今も不動産業者に極めて「甘い」ということは知っておきたい。「無法地帯でやりたい放題」というより、景気対策もあって、むしろ「合法的にやりたい放題」なのだ。

家が一軒売れれば、木材、繊維、石材、金属、電気、ガス、輸送、電機、金融、保険、通信など、ありとあらゆる業界が儲かる。実際、平成25年度には住宅建設に16・5兆円が使われたが、この金額は住宅そのもの以外でさらに15・5兆円の生産を誘発している（『国民経済計算年報』内閣府、『平成17年建設部門分析用産業連関表』一般分類表〈建設部門表〉国土交通省）。だから国は全力で不動産業界を庇護していて、決してあなたの味方ではない。もし少しでも家を買う気になったなら、有名な住宅ローン控除はもちろん、住宅金融支援機構によるフラット35、贈与の優遇制度など、各種の制度でその売り買いを猛烈に後押しするから、そこでやっぱり買わない、という気持ちになるほうが難しいかもしれない。

しかも、それまで経験したことのないような大きい金額で、長期間の買い物になるので思考は停止。普通なら「必要ないから買わない」「割高だから買わない」と判断できるのに、家については「ムード」や「勢い」に任せて、最後は買ってしまう。人口減少など、日本どころか世界でも経験したことのない時代へ突入しているのに、家の購入ではなぜか親の世代に戻って「マイホームを買って一人前」という時代錯誤な論理がアタマをよぎる。

買えば買ったで、外構工事がされていなかったり、ガス管が届いていなかったりと、住むまでに想定もしていなかったような費用がかさみ（しかも業者側は盛り込み済み）、建ったら建ったで、欠陥住宅でなくとも、亀裂が入って、雨漏りがして、また時間と労力がかかる。

だいたい10年経てば、営業マンが「そろそろ修繕しましょう」とやってくることになるが、「たった10年も持たないなんて怪しい」と冷静に思う間もなく、はじめての修繕をよく分からないまま進めることになる。これで「2ストライク」を喫する。

売却して「三振」

昨今、景気が良くなったといわれるものの、すべての人にはいきわたっていない。もし働き手が働けなくなったり、仕事を失ったりすることがあれば、途端にローンが負担となり、売却を検討することもあるだろう。

なお、2012年に内閣府が発表した首都直下地震が来る可能性は、今後30年で「70％程度」。東日本大震災で経験したはずの津波や液状化の脅威がいつまたやってくるのか分からないのに、沿岸部で、しかも割高なタワーマンションが飛ぶように売れていた。心理学的にも判明していることだが、人は不都合な記憶を忘却することが得意だ。まるでそんなことがなかったように、好都合な記憶を選んでしまう。

そうこうしてむかえた売却のとき、3度目の試練が訪れたことにようやく気付く。知らないことや、やらないとならないことがたくさんある中、また何かに追い詰められて「売る」

という行為をするから、すでに敗色は濃厚だ。しかも再度対峙する不動産屋の鉄則は「いかに安く買いたたくか」。多くの人は物件の悪い点を指摘され、相場をつかめないまま、相手の意見に則って、不利な状況で安く売ってしまう。ちなみに不動産を売るとき、多くは逃げられない状況にあるからこそ、税制も容赦なく牙をむくことは知っておきたい。

極端なことを言うと、不動産屋の生業とは、安く買い、高く転売することで成立する。これこそが業界の分かりやすい仕組みであって、あなたが「三振」を喫するところまでが、実は規定路線。「思ったよりも手残りが少ないな」というレベルで済んだら、まだ御の字。もし目安を誤り、残債が残ることになれば、ローン返済を続けながら、賃貸住宅に住んで賃料も払うことになるだろう。これでは、生き地獄だ。こんなのっぴきならない状況に追い込まれるかどうかは、最初のマイホームの購入次第だった。

はっきり言おう。不動産との付き合い方で、人生は決まるのである。

もう誰にもだまされないために

では一体どこが問題だったのだろうか。どうすれば逆転のヒットを放つことができるのか。

間違いなく言えるのは二つ。

一つ目は、情報で負けないということ。インターネットの浸透は、徐々に守られてきた情報を開示する方向に進んでいて、正しい収集方法さえ身に付けておけば、価値ある情報を集めることができつつある。

実際、多くの不動産業者は旧態依然のままとはいえ、ベンチャーや別業種からの参入で、確実に変化を求められている。たとえば通販大手のアマゾンがすでにリフォーム分野に入ってきたが、進出する価値を彼らのような外資に見出されてしまえば、いきなり全部をひっくり返される可能性がある業界だといえる。また、少しずつ始まっているが、間に業者を入れずに、売主と買主で直接取引するのが当たり前になる日もおそらくそれほど遠くはないだろう。

二つ目は、自分のアタマで常に考える、ということ。仲介手数料を何も考えずに支払う時代はもう終わった。これから明らかに拡大するであろう中古市場や、進む東京への一極集中、少子高齢化が進む時代に、私たちはどう不動産と向き合うべきか、常に考えをめぐらせなければならない。

そこで、その二つを達成するために、この本を提案したい。「個人間売買」や「シェア」「不動産テック」など、不動産をめぐる事情は、これまでがんじがらめにされていたところと違う角度から、化学反応を起こしはじめている。さあ、変化の時代を賢く理論武装して迎えよう。だまされて家を売り買いするなんてもってのほか。もしカウントが1ストライク、2ストライクでもまだあきらめてはいけない。勝負はこれからだ。

そして家や不動産そのものは、もちろん悪者ではない。付き合い方によってはきっと人生の一部をかけるにふさわしい輝きを、あなたにもたらしてくれるはずである。

紹介が遅れたが、筆者である私は、不動産専門の公認会計士・税理士として渋谷で会計事務所を開いている。そこでは不動産を売り買いする消費者、そして仲介する不動産屋から、年間約1000件にも及ぶ相談を受けている。

その中で、消費者と不動産屋との間に横たわる圧倒的な情報の差、そして考え方のズレが生じていることに危機感を感じ、警告を発したいと常々考えてきた。

不動産屋がわざとついた「ウソ」によるトラブルも、残念ながらあることはある。しかし彼らの優しさや正義心、思いやりあふれる言動が、「不動産」というあまりにハードルの高い世界の中で消費者側にきちんと伝わらなかったり、現状の制度下では裏目に出てしまったりすることも少なくない。

こうした哀しいギャップが起きる現場を、私は間近でずっと見てきた。第三者の立場だからこそ言えることがあるし、消費者のためにも、そして不動産屋のためにも、その両者の溝を埋める手段として、この本を書いている。

なお、もしあなたがお持ちのニーズが、単純に「不動産業界の裏事情を知りたい」ということなら、ほかの機会を探っていただいたほうがいいだろう。現役の業者が書いた暴露本は、書店にたくさん並んでいるし、そういった話題はインターネットにもあふれている。

あくまでこの本はそこで終わるのではなく、不動産に長けた知識を持つ人たちとある程度対等に、ときには渡り合い、一方的にだまされることもなく、価値ある不動産とのお付き合いをしていくためのガイドブックとして著した。

現実として、テクノロジーの進化や消費者のニーズの変化に伴い、今不動産の現場は大きなうねりの中にある。まさに革命前夜であり、その革命が良い方向へ進むことを私は心から願っている。

注：不動産会社には「不動産仲介会社」「建売業者・開発業者」「不動産管理会社」「マンションデベロッパー」などがあるが、この本で記した「不動産屋」「不動産業者」とは、概ね仲介業者を指す。

目次

第2章 そもそも国は「あなた」より「不動産業界」を保護している …… 61

第3章

第4章 最強！「節税」ガイド

不動産屋にだまされるな

「家あまり」時代の売買戦略

第1章
だから不動産屋はあなたをだます

なぜ不動産屋には「あくどい」イメージが付きまとうのか

「あくどい」というイメージとその実態

インターネットで「不動産屋」「印象」と検索してみよう。すると「怖い」とか「うさんくさい」とか、ネガティブな意見が数えられないほど表示されることだと思う。

国土交通省の平成27年度「土地問題に関する国民の意識調査」によると、およそ6割の人が不動産取引への印象としてネガティブな回答をしていることが分かる。内訳は「難しくてわかりにくい」が29・4%であり、「なんとなく不安」が30・4%だ。「難しくてわかりにくい」もしくは「なんとなく不安」と答えた人になぜそう思うか、その理由を聞いた結果が図1となる。

不動産の売買をする際、現状では不動産屋とのやりとりがほぼ付いてまわる。そしてそのやりとりにはトラブルが付き物だ。

実際、国土交通省は「不動産トラブル事例データベース」というサイトを通じ、消費者と

図１　不動産取引が「難しい」「不安」と感じる理由（平成27年度）

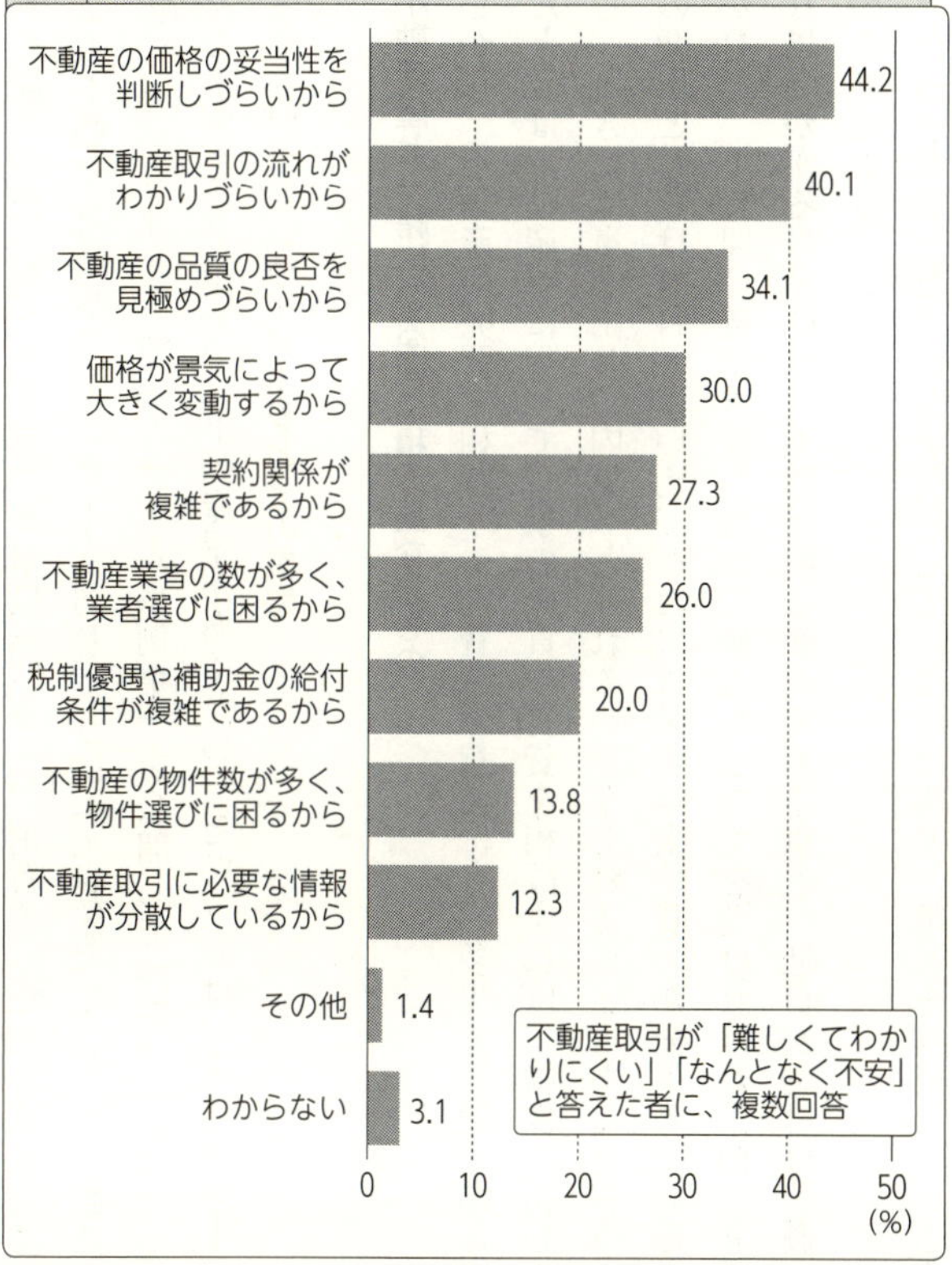

出典：「土地問題に関する国民の意識調査」（国土交通省）

不動産屋との間で起きたトラブル事例を紹介し、消費者へ注意を喚起している。また公益財団法人不動産流通推進センターも同じように「不動産ジャパン」(http://www.fudousan.or.jp/)というサイトで「トラブル事例集」を公開している。そして、そこに掲載された数々の事例を見る限り、「不動産屋があくどい」というのは、単にイメージだけの問題ではなさそうだ。

不動産屋と一緒にいる間に積み重なるもの

しかし、不動産の売買を相談する消費者の意識にも、多少の問題があるのは確かである。たとえば不動産屋に行って、家の売買や賃貸を相談すれば、物件の紹介や説明をしてくれるし、ときには車を出し、内見へと連れていってくれることもあるだろう。もちろんそのときの費用としては無料とはいえ、そこには必ず「人件費」が発生していることを忘れてしまいがちだ。1時間、英語学校へ行って個人レッスンを受ければ数千円、弁護士に相談すればそれ以上かかるのと同様、不動産屋も商売である以上、社員が動けば、動いた分だけお金がかかるのである。

では途中かかった人件費を負担しているのは誰か。購入を検討している人が払うかというとそうではないし、どこの不動産屋だろうと内見の時点でお金を請求してくることはない。というのも、不動産業の核をなす宅建業法で、契約が成立する前に不動産屋が仲介手数料をもらうことは固く禁じられているからである。

慣習として、不動産屋は契約時に仲介手数料の半額、決済時にその残額をお客さんに請求している。契約を結ぶまでの段階で、客が不動産屋にお金を払うことはないし、請求されることもない。

一見、この法律は客、つまり消費者側へとても有利な存在に感じる。しかしこの法律が、先のネガティブな結果を生んでいる側面も否めない。というのも、時間の経過とともに、当然だが、そのお客さんにかけている人件費はどんどん大きくなる。内見が複数回続き、積も り積もれば、累積した人件費は相当だ。

それでいて、契約までもっていけなければ、それまでの人件費がすべて損失として戻ってくることになる。もし何件か売り逃せば、その人件費は次の購入希望者で回収を図る。そうしていくうち、いつしか「どうしても契約にこぎつけないと」という考え方が生まれ、正確に情報を伝えるよりも、「ここで売らないとまずい」という危機感を強くする。

人件費に加えて時間も累積する。営業である以上、ほとんどの不動産業者では毎月のノルマが課されているから、時間の管理はとても重要だ。
あるお客さんに投じた時間が長ければ、ほかのお客さんをフォローする時間が短くなる。そうしている間にノルマを達成しなければ、当然会社で怒られ、昇進や給与にも影響が出るようになる。

必要なのは「意志」と「覚悟」

16年に放送された不動産業界を舞台にしたドラマ、『家売るオンナ』では、ホワイトボードに各社員の売上が貼り出され、家を売ることができない社員が、上司からプレッシャーを受け、退職を迫られていた。ドラマとはいえ、あれも典型だ。

家を売ることができなければさらし者になりかねないから、多少強引にでも売りつけようとする。そうした事情下にあって、いつまでも優しくて親切な営業マンでいるほうが難しいし、ある意味であくどくなるのは自然の成り行きだろう。

だからこそ、今やインターネットで簡単に連絡がつくから、無料で動いてくれるからといって、不動産屋をバブル期の「アッシー君」のようにもてあそぶことは、絶対に避けたほうがいい。彼らと一緒にいる間、気付かないところで、お金と時間はどんどん積み重なっているはずだ。

そして彼らがいつ豹変するかは、消費者側からは決して分からない。だからこそ買うなら買う意志、売るなら売るという意志をしっかり持ったうえで、ある程度の覚悟を決めて不動産屋に接するべき、ということは、必ずここで知っておいていただきたい。

不動産でトラブルが絶えない理由

日々起きる不動産屋とのトラブル

さて、多くの人にとって「マイホームの購入は人生に一度」となるかもしれない。しかし家を売る側の不動産屋はといえば、「一生に一度の取引」を毎日のように行っている。

国土交通省住宅局による平成27年度の「住宅市場動向調査」では、家を買う人の約8割が、今回の住宅取得が「初めて」と答えている。そのため、多くの購入者にとっては未知の体験だから、手取り足取り習うことになるだろうが、ではそれを教えてくれるのは誰か。それも多くは不動産屋だ。

図2 売買に関する相談の項目別内訳（平成24年度）

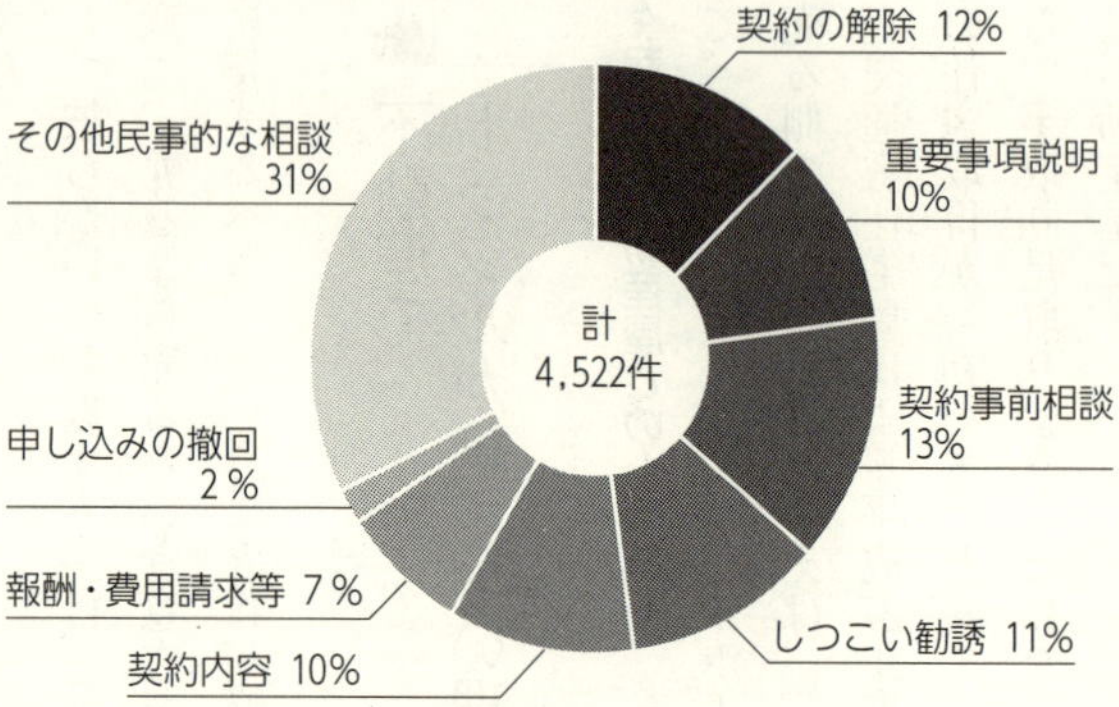

■相談件数は、不動産業課に寄せられた相談のうち、指導相談係及び賃貸ホットラインで受け付けたものの合計

出典：「東京都不動産業課指導相談係・賃貸ホットラインにおける相談状況」（東京都都市整備局）

図2は、不動産の売買について、一般消費者から東京都都市整備局に寄せられた電話での相談内容を表したもの。そのいくつかは、不動産そのものというよりも、「契約」や「勧誘」など、不動産屋に対する苦情や紛争相談であることが分かる。

なお平成24年度は、これ以外にも賃貸に関する電話相談が、別に1万4889件あり、「管理」や「報酬」に関するものが含まれている。

国土交通省のデータ「宅建業者の関与する宅建取引に関する苦情・紛争に係る相談件数」によれば他県でも相談が約1000件あるようで、不動産屋とのトラブルは日本全国で日々起きていることが分かる。
しかしマイホームの購入は人生の重要なポイントになる以上、消費者としてはこれ以上ないくらいに真剣に相談をするはず。それでいて、トラブルになるというのは一体なぜなのか。

原因は情報量の差と解決への姿勢

端的に言えば、トラブルの原因は、不動産屋というプロと、消費者というアマが持つ情報量の差にある。不動産屋は伝えたつもりでも、消費者側が理解していなかったり、不動産屋が意図的に情報を伝えなかったりしたことが、のちに露呈して、トラブルにつながるケースが多いと思われる。
しかもそれでいて、解決を消費者に課している姿勢が、さらに問題を複雑にしている。たとえば不動産適正取引推進機構が出している「不動産売買の手引」には、冒頭の「はじめに」で、以下の文言が書かれている。

一般の方が、不動産の売買をすることは一生に何度もあることではありません。不動産の購入についての知識や経験も少ないのが普通です。

そこで、つい業者任せになってしまい、後になってから「こんなはずではなかった」、「悪質業者にだまされた」といったトラブル相談が多く寄せられています。

もちろん、情報量の差によるトラブルは、不動産業界に限った話ではない。金融業界、医薬業界、飲食業界、家電業界、あらゆる業界で毎日のように起きている。

しかし事故が発生した場合、どのような事情だろうと、再発防止策を進めるのは、業者側の責務だ。購入者や消費者側を「より賢くなるべき」という方向に誘導するのは多くの場合、誤りである。

特に、一生に一度あるかどうかの取引のために、非常に複雑な不動産の知識を「増やせ」と業者側が主張するのは無茶が過ぎる。それなのに「消費者の責任」という立場を崩さない姿勢に問題の根源が見え隠れしているよう、私は感じる。

コンプライアンスへの意識の薄さ

また法律遵守、いわゆるコンプライアンスに対する意識の薄さが不動産業界全般にあることも否めない。一般の人なら「違法行為はやってはいけないこと」と認識する。しかし一部の不動産屋には「違法行為でも取り締まられないことならやってもいい」という考え方が強く残っている印象がある。

国土交通省の「不動産トラブル事例データベース」を調べると、ある不動産屋が自らの宅建免許の名義を、免許を持っていない不動産屋に貸す、いわゆる「名義貸し」の事例が目立つ。私が見たケースでは、法律違反と知りながら何度も繰り返したために悪質であるとされ、1年間の業務停止処分になっていた。

当たり前のように交通標識に貼られたチラシ。許可がない限り、もちろん違法だ

身近な例として、ポスティングが挙げられる。集合住宅のエントランスに「ポスティング禁止」と書いてあろうと、侵入して不動産のチラシを投函する。これは立派な不法侵入だ。

ときには管理人がいないタイミングを狙ったり、管理人が帰った後を狙って投函したりと、こちらも悪質極まりない。

それ以外にも少し街を歩けば、「貼り

紙禁止」とされた電柱や、交通標識に貼られた不動産広告、公道へ設置した物件看板など、頻繁に目にすることだろう。

これらはまだかわいいものなのかもしれない。しかし、コンプライアンスへの意識の薄さが見える彼らから「お金や権利がかかわる部分は別です」と言われても、信じるほうが無理な話。消費者との間でトラブルが絶えないのも、当然ではなかろうか。

だから「余計なことは言わない」

心の中で売りたい物件は予め「決まっている」

不動産屋の多くは「売りたい」と思う物件があれば、積極的に良い点をプッシュする。そして、その物件を相手に売るために、さまざまなテクニックを駆使する。

不動産営業の悲哀をリアルに描き、すばる文学賞を受賞した『狭小邸宅』（新庄耕、集英社）。その作品にこんな一節がある。

半田さん夫妻を車に乗せて三軒茶屋に向かった。最初の「まわし」だった。
昨夜、日中の営業を終えてから、まわしを検討した。社の戦略商品に組み込まれている本命の物件は、すでに課長から言い渡されていた。課長は、本命の物件を買わせるためには、引き立て役であり客のネックを潰す役でもある、まわしの物件をどれだけ効果的に順序よく案内できるかが重要だ、と繰り返し言った。

ここでいう「まわし」とは、購入希望者のニーズから、価格や間取り、駅からの距離など、あえて少しずつズレた物件を指す。まわしを先に見せ、本命の物件を後回しにすることで、その魅力を引き立てるのである。なお作中では案内の前日、主人公はまわしを含めた筋書きを決めるべく、日付が変わるまで上司とやりとりをしている。

質問を不動産屋にすること自体が「誤り」だ

良い点についてはあの手この手で強調するものの、反面、悪い点は聞かれない限り、不動産屋は自ら言ってくれないようなイメージがある。
もちろんこれは、違法ではない。殺人事件や自殺のように告知義務があるものや、物件に明らかな瑕疵があるならともかく、住むうえでさほど大きな影響を及ぼすとは思えない、細かいあれこれまで言ってはくれないだろう。むしろ、契約できれば多額の仲介報酬が手に入るのに、みすみすそれを逃すリスクを負うのは、購入者との関係性を考えると割に合わないことでもある。そもそも聞かれたことには答える義務があるが、そうでないことについてまでは必要以上に説明しないことのほうが、商売として見たらおそらく正しい。

しかし、ここにも不動産業者と消費者の間にある「ゆがみ」の原因があると感じられる。筆者はここで断言しておきたい。そもそも物件についての質問を、その物件の売り買いを行う不動産屋にすること自体、実は間違っている。

不動産業を含む媒介（仲介）業*とは、本来はいわば「代理人」として、依頼人（ここでは家の購入者とする）の利益を追求すべき存在である。ただし不動産屋という業種において、現状ではそのように機能していない。というのも、現在の制度では、不動産屋は売主、そして買主双方の代理人の立場を一人で請け負うことができる、いわゆる「双方代理」が認められているからである。

だから、不動産屋はどちらの味方でもあり、またそうでもない。ちなみに売主、買主から仲介料を取ることを「両手」と呼ぶが、この手法は両方から仲介料を得られる分、実りも多いこともあり、一般的な不動産屋は重要視をしてきた。そして詳しくは第2章で記すが、この「両手」仲介が認められているという事実が、不動産を取り巻く状況をさらにややこしくしている。

不動産屋とは「縁談をまとめあげる」ための存在である

整理すれば、不動産屋はあなたの専属代理人のように見えるが、そうではない。あえて言えば、条件がある程度マッチしていれば、容姿などの細かい点は気にせず、縁談をまとめあげようとするご近所のおじさん・おばさんにも近い存在だ。

だから、もしマンションの内覧に行って、本気でその物件を欲しくなったとして、その場にたまたま居合わせた不動産業者に、根掘り葉掘りその物件の質問をすることは、実は危うい。もし客観的な意見を求めるのなら、第三者に聞かなければ、価値ある内容が得られにくいからだ。

だが現在、不動産業を生業にする知り合いがいるか、もしくは高額な費用を要求するコンサルタントにでも相談しない限り、第三者の立場を務めてくれる人は現れないだろう。

私なら、どうしても気になる物件があれば、ライバル不動産会社の営業マンに、こっそりと感想を聞いてみる。おそらくそこからは、それまでに知り得なかった情報がボロボロと出てくるはずだからだ。売買を担当している不動産屋にバレれば、大変に嫌がられるはずなので、読者の皆さんには決してオススメはしないが。

＊「代理」と「媒介（仲介）」は厳密には異なる。「代理」は本人に代わって家の売買の法律行為を行うこと、他方「媒介（仲介）」は売主と買主の間にたって物件の斡旋をすることであり、本人に代わって法律行為は行えない。「媒介（仲介）人」という言葉が正しいが、一般的ではないため、この本では広義で「代理人」という表現を用いる。

不動産屋が「自ら家を買える」ために起こる問題

不動産屋は掘り出し物を紹介しない

ときに「この物件は掘り出し物ですよ」と迫ってくる営業がいるかもしれない。しかし現在の制度上、消費者が不動産屋から、現実として価値のある、おトクな物件を買うことは不可能に近い。

新築の場合は、完成した時点でしっかりと利益が乗っているのはもちろん、もし中古で掘り出し物が出てくれば、情報を先に入手した不動産屋が先んじて動いて利益を確保し、適正価格にしたうえで、ようやく一般の市場に出回るからだ。

たとえば「不動産トラブル事例データベース」によると、平成11年5月、消費者から物件の売却の依頼を受けた不動産屋が、1650万円で買うという購入希望者（買主）の存在をわざと隠し、自ら安く買い叩いたケースが見られる（「裁判事例、媒介業者による不当な買取り」）。

この事例では本来、1650万円で売れる価値のあった物件を、不動産屋が売主に対し、「同じマンションの別の住戸が980万円で売れており、市場でこの物件を1000万円以上で売ることは難しい。でも1220万円でいいなら私が買ってあげる」とウソをつき、売買契約を締結させている。裁判の結果としては、詐欺として売買契約が解消されたものの、もし売主が違和感を抱かなければ、不動産屋は安価に買ったものを、そのまま適正価格にし、購入希望者へ転売するつもりだったと思われる。

だから証券会社の社員は株を買えない

ここで不動産市場を、株式市場と比較してみよう。

株式市場で、証券マンが有価証券を買うのが厳しく制限されているのは周知のとおり。商売柄、これから株価のアップダウンにかかわるであろう情報を入手した株式を自ら購入できれば市場の公正さが阻害され、インサイダー取引だらけとなって、健全な市場が成り立たなくなるからだ。だからこそ株式について、証券マンが自身で株を売り買いすることは厳格に禁じられている。

一方、株取引についての知識や経験を蓄え、その売買で出た利益を「飯の種」にする人たちはプロトレーダーなどと呼ばれる。そうしたプロと、さほど知識も経験もないアマチュアが同じ土俵で売り買いを行うのが株式の特徴である。

株式は、ある人の損失が、そのままほかの人の利益となる「ゼロサム・ゲーム」の要素がある。だからプロトレーダーから見れば、誰かが市場にお金を落とすことが、回りまわって自分の利益につながるから、特に株式投資に長けていない人に興味を持ってもらうことが重要になる。そのため彼らに対し、「簡単に儲かります」「この株がこれからくる」といったアピールを積極的に行い、新規の投資家を勧誘し続けているのだ。

結果、断片的な情報を鵜呑みにした素人が、情報量や経験の差でソンをする場面が多く見られるが、これは証券市場ができてからの歴史上、繰り返されてきたやりとりである。

ではこのような株式市場に対し、情報も経験も持っていない普通の人がどう対峙すべきかといえば、「かかわらない」のが最適解。そもそも株式など買わなければいい。証券会社に行かなくても、またFXなどの金融商品についての知識を得ずとも、日常生活に影響はない。どうしても株式を買わないと生活に支障をきたす、ということは、まずないはずである。

「弱肉強食」の側面が強い不動産売買

他方、不動産市場も同じようにプロとアマが戦う世界である。だがしかし、こちらの市場は株式市場と、決定的ともいえる大きな違いがある。それは、仲介を務める不動産業者も自ら家を買えるという点だ。これにより、弱肉強食の側面はさらに強くなる。

現実として、物件がいい条件で持ち込まれれば、市場に出す前に自分で買う、もしくは不動産業者仲間に横流しすることができてしまう。たとえば、もとは安い物件にリノベーションを行い、不動産屋の利益が乗った状態にして市場に戻し、結局、掘り出し物とは言えない価格にして物件を売買する、いわゆる「買取再販」が今は盛んだ。

また、今流行しているアパートなどの賃貸物件を扱った不動産投資では、素人がソンをしてプロがトクをするという、セオリーどおりの事例が目立つ。

たとえば、平成24年3月27日に東京地裁で行われた裁判で、不動産投資を勧められて2件の不動産を購入した買主が、売主である宅建業者（不動産屋）から重要事項を告知してもらえなかったとして、売買契約の取消しが認められた事例がある。

この不動産屋は、2000万円が相場である物件1を「3130万円が相場」と嘘を言い、結局2840万円で買わせている。そして1400万円が相場である物件2を「2300万円が相場」と言い、2100万円で買わせた。さらに「家賃収入が30年以上一定」という、非現実的なシミュレーションを提示するなどし、不利益な情報を伝えないことで売買を成立させた。

やっかいなのは、「家は生活と非常に密着した存在」ということである。家を売り買いするため、プロである不動産屋とかかわらざるを得ないという現状は、「かかわりたくなければかかわらなくてもいい」という株式市場とは大きく異なる。それなのに、仲介人である不動産屋に取引制限はない。

その結果として、一般の消費者が割高な買い物を強いられる構造ができあがってしまっているのである。

家はいつ売り買いするべきか

物件は絶え間なく売り出されている

「この世にこの家は1つしかありません」も不動産屋の常套句である。しかし落ち着いて現実を見れば、マンションが1棟建てば、同じような部屋がトウモロコシの種のようにならび、分譲の戸建なら、キャベツのように似たような物件がいくつも売りに出される。

首都圏の物件の流通量をまとめた図3を見ればお分かりのように、中古マンションも中古戸建も、そして新築戸建もすべてそうで、物件は絶え間なく売りに出されている。

季節によってさほど変動もなく、供給は1年を通じて、ほぼ一定。中古マンションだけは年を追うごとに供給が増えてきているのが分かる。先ほどトウモロコシとキャベツを例に出したが、野菜のほうがむしろ旬があり、物件のほうがいつでも手に入る、とまで言えそうだ。

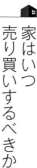

いよいよ始まった人口減少社会で

家を売り買いするなら、もう一つ頭に置いておきたいデータがある。図4を見ればお分かりのとおり、日本の人口は2010年の1億2805万人をピークとして、すでに減少を始めている。

となれば、売る人より買う人、貸す人より借りる人が今後有利になっていくのは避けられない。データ上では買うなら今年より来年、来年より再来年がいいということになる。物件は今後も絶え間なく出てくるだろうし、人口減少によって、ライバルは減る。だから地域や景気の事情などによる不動産価格の上昇はあるだろうが、買い急ぐ理由は特に見つからない。

第3章で、買うタイミングも含めた具体的なアドバイスを行うが、長い目で見るのならば、これから先、しかもなるべく先、というのが「買いどき」を示すアドバイスとしては正しいだろう。

図３　東日本レインズ新規登録件数の推移

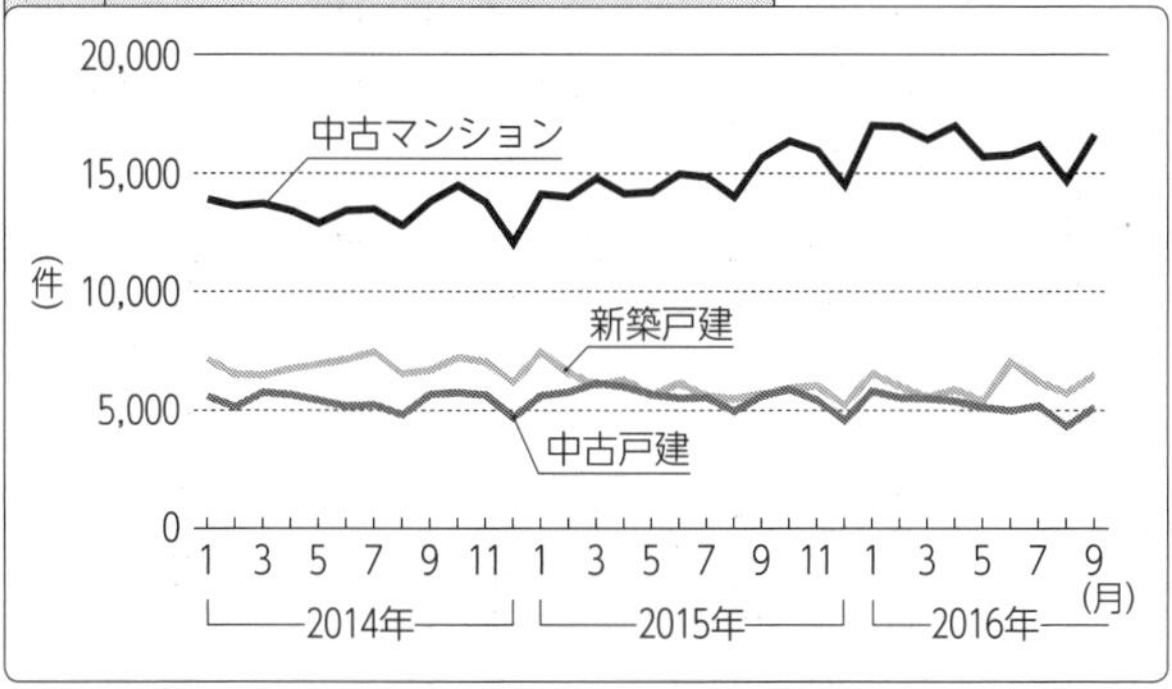

出典：「月例マーケットウォッチ」（東日本不動産流通機構）

図４　人口・世帯の将来推計

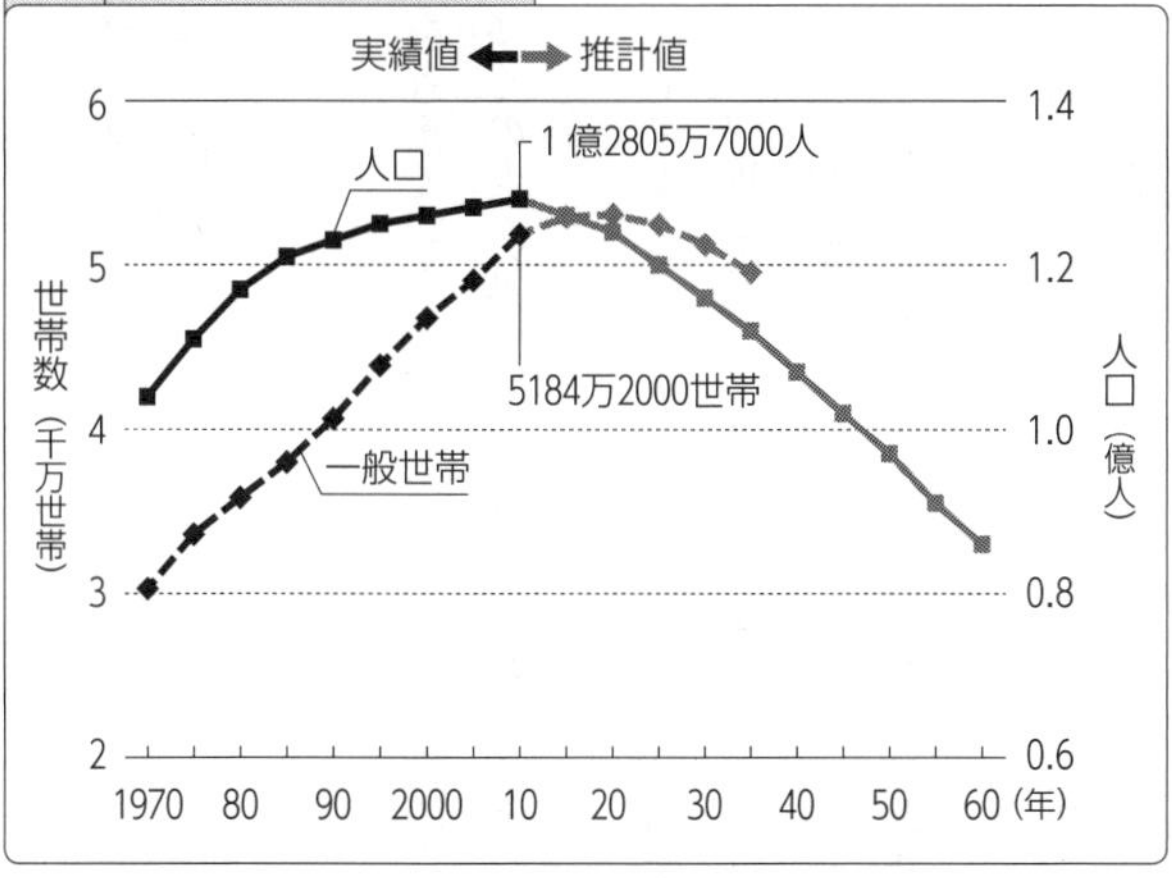

出典：実績値は「国勢調査」（総務省）、推計値は「日本の将来推計人口（平成24年１月推計）」［出生中位（死亡中位）推計］（国立社会保障・人口問題研究所）「日本の世帯数の将来推計（全国推計）（平成25年３月推計）」（国立社会保障・人口問題研究所）

なぜ35年間にもわたる「借金」を当然として背負うようになったのか

住宅ローンは借金である

ここでやや趣を変えて、あなたが売り買いを考えている場合、ぶつかる可能性の高い問題について考えておきたい。不動産に関して、多くの人が気になる問題、それは住宅ローンではないだろうか。

生まれてはじめて背負った大きな借金が、住宅ローンという人は多いと思う。お金を借りにくる友人や親戚にロクな人はいないし、「お金の貸し借りだけはするな」と親からきつく言われて育った人もいるだろう。突然「借金の連帯保証人になってくれ」と知人から言われれば、警戒するほうが普通であり、奨学金という名の借金も、現在、大きな社会問題となっている。

とにかく借金にはいいイメージがない。ではなぜ、同じ借金であるはずの住宅ローンについてはクリーンなイメージが保たれ、そしてここまで広く普及したのだろうか。

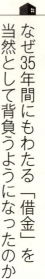

住宅ローンを発明したのは不動産屋である

歴史をさかのぼれば、日清戦争くらいまで、家というものも現金一括で買うものだったようだ。しかしこれでは、相当たくさんのお金を貯めなければならず、庶民には手が届かない。そこで、１８９６年に安田財閥の安田善次郎が不動産業を手がける東京建物を設立し、住宅ローンの原型となるものを作っている。

たとえば「家を買いたい」と考えている人がいたとして、手元に３０００万円の現金があれば、すぐに買えるかもしれない。しかし平均給与が４２０万円（国税庁、平成27年分「民間給与実態統計調査」）の現在、３０００万円貯まるまで、だいたい何年かかるだろうか。

給与の25％を貯金に回したとしても30年。多くの人は家賃を払いながらの貯金だし、もっと時間がかかるに違いない。そこに住宅ローンというスキームが生まれたことにより、何十年という時間を担保に、庶民でも家を購入できるようになった。

借金とはいうものの、住宅ローンの登場は家が欲しい庶民にとって、そして不動産業にとって、エポックメイキングなできごとであり、不動産の売り買いというシステムの根幹を成すものとなった。だからこそ、一般的な「借金」に付随するネガティブなイメージが払拭されているのだろう。

しかし注意していただきたいのは、住宅ローンを開発したのは銀行ではなく、不動産屋ということ。その実態は、あくまで不動産屋が家を効率的に売るために作られたスキームなのである。こうした事実は、この本の真意を理解するうえで重要なポイントなので、ぜひ頭の片隅に置いて読み進めていただきたい。

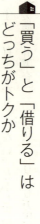

「買う」と「借りる」はどっちがトクか

結論としては「買う」ほうが今はトク

ほかの本ではこの話題を「虎の子」のように語る風潮がよく見られる。しかし、この本ではほかに語らないとならない、もっと価値ある話題が多いのでさっそく結論を述べたい。

あくまで公認会計士の立場として私の結論を言えば、「買う」ほうが今はトク、である。

理由は簡単。「賃貸＝掛け捨て」であり、掛け捨てられる金額が単純にもったいないからだ。

いろいろな考え方があるだろうが、ここでは会計上の「差額原価」という考え方を用いたい。これはいくつかの選択肢を前に、どれが有利かを判断するときに、共通してかかるコストをまず無視することで、選択肢ごとに発生するいわばオリジナルなコストだけを抽出し、比較する方法だ。

掛け捨てとなる金額、私が「無駄金（もちろん厳密にはムダではないものだが、あくまで消費者の視点で見れば、である）」と呼ぶ、その額を以下に試算してみよう。

①賃貸の場合

・無駄金の合計＝30年間で3000万円

毎月家賃8万円×12・5か月×30年の計算。条件として2年更新で年間0・5か月分の家賃を含む

②購入の場合

・無駄金の合計＝30年間で合計951万円

利息1％（固定）で3000万円を借り、30年払いで計算した利息が473万円。条件として不動産取得税や仲介手数料など、買う際の諸費用として1割にあたる300万円。さ

らに固定資産税と都市計画税が30年分として178万円（3000万円×0・7×1／6×1・7％×30年＝178万円）

差は2049万円となった。賃貸のほうが、はるかに無駄金が大きくなることが分かる。なお修繕費は、さらに次の30年後に対して効果が及ぶ支出なのでここでは考慮していない。

また「元本3000万円の支払いが入っていない」とおっしゃる方がいるかもしれない。しかし3000万円の現金については、3000万円分の所有権に交換しただけであり、購入者から見て、無駄金と呼ぶべき性質ではないだろう。

お金を貯めた後にどうするのか

そもそも、賃貸でお金を貯めてどうするか、ということもよく考えておきたい。もし30年後、結局買うとしたら、またそこで無駄金が発生する。一生賃貸のままであれば、そのまま無駄金である賃料の支払いを覚悟しなければならない。

つまり若くして決意し、購入をするにせよ、そのタイミングでは購入しないにせよ、いずれにしろ「無駄金を払う」ことを前提にするのならば、おトクなのは早い購入になる可能性が高い。また、購入者の考え方次第だが、自分の理想に近い家に早く住みはじめることができるメリットは、それこそ金額に換算できないくらいに大きいはずだ。そしてこれらの現実が、100年以上前に作り出された「住宅ローン」という名の商品が、多額の借金を意味するものでも、これほどまでに圧倒的な支持を得た、その理由である。

さらにいつの時代だろうと、期間のことを考えれば、利息がもたらすインパクトはとても大きい。だからこそ、民間金融機関と住宅金融支援機構が提携して提供されている全期間固定金利住宅ローン、「フラット35」の35年間長期の固定金利が1％前後となった16年現在、購入の有利さが際立つようになってきている。

単純な住宅ローンと賃料の比較は「無意味」

蛇足だが、街を歩いていれば新築の家や部屋を見学する、いわゆる「オープンハウス」を見かけることがあるだろう。そのチラシや看板を見れば、「毎月の住宅ローンの支払いが賃料よりも安くなっておトク！」というコピーが躍っていたりする。

結論だけ見れば、私が主張する「購入がおトク」と同じように捉えられそうだが、質が違う。不動産屋の思惑と一緒にしてはならない。

単純に、住宅ローンの支払いと賃料を比較することには無理がある。元本への支払いとは、「所有権を細かく購入すること」と同義で、賃料と比較するものではない。百歩譲って毎月の支払いだけにフォーカスして「支払えるか・支払えないか」を判断するとしても、購入時の諸費用や毎年の固定資産税・都市計画税を無視することになり、論理が破綻する。

私が主張する「掛け捨ての部分がいくらか」というように前提を揃えなければ、そもそも比較にならない。その点は注意をいただきたい。

どこまで手間と費用がかかるかは最後まで「あやふや」

必要な額を正確に計算することはとても難しい

ご存じの方も多いと思うが、チラシや広告に掲載された金額を用意しただけでは、家は買えない。それ以外に、あれこれと手間や費用がかかる。特にその費用はバカにできない金額だ。ざっと以下にまとめてみる。

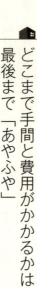

○物件購入にかかる費用例

購入時…仲介手数料、登録免許税、司法書士報酬、印紙代、固定資産税・都市計画税精算金、火災保険料、ローン保証料、ローン事務手数料、引っ越し費用、家具費用（カーテン、エアコン等）など

購入後…不動産取得税、固定資産税・都市計画税、銀行へのローン支払い（元本返済と利息の支払い）、修繕積立金など

消費者としては、最初から諸費用の合計を本体価額に加えた合計額を、広告に一番大きい文字で「総額」として記載してほしいところだろう。「これ以上の出費はありません」という金額が分かっていたほうが、より購入に際して目処がつくからだ。

私自身、マンションなどを買おうと検討している顧客はもちろん、実は不動産業者からも「総額はいくらになるか」、などと質問を受けることがある。でもそれも仕方がない。不動産を買うときの総額を正確に弾き出すことは、専門家にとっても、一筋縄ではいかないくらいにややこしいからである。

税金計算が必要なので不動産屋の手に負えない

ざっくりと解説すれば、新築の場合は固定資産評価基準により、固定資産税評価額は見積もられる。ただし最初の見積もりの段階では、販売図面の面積で計算するが、実際は登記簿上の面積で計算する。

さらに販売図面は壁の中心で図る、壁芯《かべしん》という測量方法で記されているが、登記簿は壁の内側（内法《うちのり》）という測量方法がとられているため、ここで誤差が生じ、実際の評価額は見積もりより、大抵小さくなる。

こうした事情を理解できて、ようやく正しい固定資産税評価額が算出され、そこから登録免許税のほか、固定資産税、都市計画税、不動産取得税を芋づる式に計算できるようになる。中古物件ならば、すでに固定資産税評価額があるのでもう少し簡単にはなる。

ともあれ、総額を求めるには税金計算が必要となることが分かる。だからこそ不動産屋の手に負えない部分があるのも事実で、「総額表示になっていないのはひどい」と彼らに文句を言うのは、ある意味で酷とも言える。

そして概算の精度はますます低くなる

税理士に頼むなどして、先述の額をすべて概算で計算することも、やろうと思えばできるかもしれない。

しかし登録免許税は通常、司法書士が計算するものである。そして固定資産税・都市計画税・不動産取得税の計算は、市区町村や都道府県が独自に計算して物件購入者に納付書を送ってくるものなので、実は税理士も日常的に取り扱っているわけではない。そのような環境下だからこそ、税理士に頼むと報酬がかさみ、10万円から20万円程度かかってしまう。

それに加えて引っ越し費用、家具費用など「買った後でなければ分からない」タイプの費用や、修繕積立金など、税金とは関係なく決まる費用もあることから、ますます概算の精度が低くなっていく。

購入時に関してかかる費用は、大きく見積もって、物件の本体価額の10％と言われる。3000万円の物件なら300万円だし、5000万円の物件なら500万円だ。事情が事情なので、消費者が心の準備をしておくしかない。しかるに、不動産屋とのお金のやりとりはかなりの部分で「あやふや」のままで進めることになる、ということも理解しておこう。

結局、知名度とブランドが決定打

紹介から広がるリスク

では、こんなにも厳しい状況に不動産を売買する人たちが置かれる中、そもそも、どの不動産屋に相談をして物件を選んでもらえばいいのだろうか。多くの人は、現実として何を決め手に、運命を託す不動産屋を決めているのだろうか。

国土交通省住宅局による平成27年度「住宅市場動向調査」のデータを見る限り、その相談先を、すでに家を売ったり買ったりしたことのある友人や、親戚の紹介などで決める人もいるようで、特に注文住宅を取得した世帯のうち、26・2%は「知人等の紹介」を介して情報を収集していた。

しかしこれはリスクがある。というのも、不動産屋に実はだまされたことを認識しないまま、「あの会社の営業マンはいい人」と紹介してしまうケースが往々にしてあるからだ。だまされたことに最後まで気付かないのは、ある意味で幸せなことかもしれない。しかしそのまま紹介先の人までカモにしてしまうのは、いたたまれない。

マイホームの購入とは巨額の買い物であり、多くは取り返しがつかない。だからこそ、傍目から見れば割高であったり、だまされていたりするように感じても、当人は「自分は正しい選択をした」「いい買い物をした」と、都合のいいほうへ記憶が上塗りされていく。「確証バイアス」とか「選択支持バイアス」などと心理学用語で呼ばれているが、そうした過去の判断を肯定する作用も邪魔になる。ことわざで「住めば都」とはまさにこのことだ。

「口コミ」は当てにならない

目に見える、手に取ることができる商品なら、その良し悪しは分かりやすいかもしれない。特に今ならインターネットをのぞけば、その商品をすでに購入した人の口コミを読むことができるし情報がクリアになっている。

それと同様、読者の中には「今ならネット上に不動産屋の質が分かる口コミサイトがある」とおっしゃる方がいらっしゃるかもしれない。

だが掲示板などを調べてみると、扱われているものが家や土地ということもあってか、「実際に売り買いした人が実名で行った評価」が、とても少ないことが分かる。

仮名で口コミを記入できるサイトだと、激しくしのぎを削る業界ということもあり、不動産屋自らが良い口コミを書いたり、一方でライバルの不動産屋が悪く書いたりする可能性もあるだろう。会社を離職した人が鬱憤晴らしに書いたりする可能性も予想されるし、営業所が何十、何百もある会社で、そのうち、たった1人の営業マンとのトラブルから、書き込みがされた場合、その人が勤務する会社全体が問題と判断するのも無理がある。

そこで公認会計士である私は、不動産を売却したお客さんから確定申告の依頼を受ける際、担当の営業マンはどんな人だったか、なぜその不動産会社にしたのか、ということを、機会を見てお客さんの口から直接聞くようにしてきた。

あくまでそのヒアリングによる感想となるが、不動産取引をはじめて行ったお客さんが、一から不動産屋を選ぶ場合、立地や過去の実績などではなく、まずその会社の知名度やブランドを考えて、会社に足を運んでいるようだ。

知名度やブランドは当てになるのか

消費者のそのような心理が分かっているので、大手の不動産屋はテレビCMなどの宣伝はもちろん、エントランスや客を通す応接室の大きさ、豪華さに大層なお金をかける場合が多い。同じように報酬金額が大きい他業種、たとえば銀行や保険会社、法律事務所や監査法人も皆同じ戦略を採っている。

また実績がなくても、良いイメージを作り出すことができれば、ある程度、消費者の信用を得ることができる。だから新興の不動産会社は、銀行から借りたお金をそのまま宣伝にまわし、人気タレントを起用した広告を行うことで、短期間で信用を獲得する戦略を採る場合が多く見られる。

しかし大手だから、社名が有名だから、ということで不動産屋を選ぶことが、ベストな選択と言えるかどうかは怪しい。第２章で紹介するが、きちんと物件を広報せず、売買を自社だけで済ませようとする「囲い込み」が近年問題となっているが、大手不動産屋も例外でなく、そうした実態にあることが分かっている。

だからこそこの先を読み進め、これからの時代に信頼できる不動産屋とは一体どんな存在なのか、自ら判断できるようになっていただきたいのである。

こうして人生最大の借金を「あなた」は背負う

不動産屋以上の曲者、それが「銀行」

気が付けば、随分と不動産屋を問題扱いする話題ばかり続いてしまった。しかし家を買う際、不動産屋と並ぶ、いや、それ以上の曲者がいることを忘れてはならない。それは銀行である。

非常にざっくりとした説明で恐縮だが、銀行はお金を誰かに貸し、そこから利息を得て、収入としてきた。だからレンタルビデオ屋からＤＶＤを借りるがごとく、「お金」という商品を借りる誰かが、銀行の客となる。

現実を見れば、２０１６年１月に実施されたマイナス金利導入などを横目に、利息で得られる利益は限りなく減り続けている。それでも、金利で儲けが出なくとも、新たな口座開設や、保険や投信への勧誘といった旨みはまだまだ残っているため、銀行は借りてくれるお客さんを必死に探し回っている。それだけに、いつの時代も絶え間なく存在する「住宅ローン」という名目でお金を借りてくれる人たちは、銀行にとって貴重な存在だ。

しかしお金を借りるあなたが客だからといって、銀行相手に踏ん反りかえっているわけにはいかないのが、住宅ローンのややこしいところでもある。

もし、レンタルビデオ屋の店員が家まで来て、あなたが借りていたＤＶＤを回収していっても、オンデマンドやテレビ放送など、ほかの方法を探って済ませることができるかもしれない。しかし銀行員が突然やってきて、「家を買う資金を回収したい」と言い出したとしたら、そうはいかない。住宅ローンの残債、たとえば「３０００万円を今週末までに返せ」と言われても、ローンを組むことを選んだ多くの人は用意できないはずだ。無理をすれば、当面の生活費や教育資金がなくなってしまうだろうし、肝心の家まで失いかねないから、返済猶予をお願いするしかない。

このように住宅ローンを組む人は、銀行から見てお客さんであるにもかかわらず、実は生殺与奪の権を握られてもいて、極めて弱い立場にあると言える。

銀行のためにある抵当権の費用負担は「あなた」

なお、私たちは住宅ローンを借りる際、その対象となる物件を担保として銀行に差し出すことになる。いわば抵当権を設定することで、もしお金を借りた人が返済できなくなった場合、物件を外部に売却して現金化し、それでローンを回収できる仕組みがとられている。

ここまでは納得できるだろう。抵当権を設定するのは誰のためかといえば、もちろん銀行が取りっぱぐれを防ぐため。銀行がいわゆる「抵当権設定者」となる。

しかしここで少し考えてみてほしい。抵当権設定の手数料を払うのは誰か。抵当権を設定するのは銀行なのに、その費用はなぜかローンを組む消費者が負担する契約になっている。ＡＴＭを利用する際、利用者自らがＡＴＭ手数料を払う。でも抵当権設定者の銀行は、抵当権設定手数料を自ら払おうとしない。

ほかに、住宅ローンの支払いとは別に、ローン保証料というものがある。これは返済が滞ったときに、銀行は消費者に対する債権分を、保証会社に立て替えてもらい、受け取ることができるという制度だ。保証会社を使うことにより、銀行はここでも取りっぱぐれを防ぐ仕組みを設けているのだが、こちらもその費用負担は購入者。さきほどの抵当権設定手数料と同じような事態が生じている。

そのことを銀行員に質問すれば、おそらくさまざまな論拠で正当性を示すと思うが、事実として、ソンな契約を結ばされる消費者は、やはり弱い立場にあると言える。

なお、もし不動産屋に紹介してもらった銀行とローンを組んだ際、手続きでドタバタしている間に不動産屋が「ローン斡旋料」や「住宅ローン取次料」、「ローン事務手数料」などの名称で、仲介手数料と別に、購入者へ請求してくる場合があるようだ。よくよく考えれば、「銀行の斡旋だって仲介業務の一部では」と言いたくもなるだろうが、その裏事情は次章に記そうと思う。

あなたの味方は「いない」という現実を前に

ともあれ今現在、普通に「家を買う」、もしくは普通に「家を売る人」に、完全に味方してくれる存在はハッキリ言えば、存在しない。ある意味で一人ぼっちである。ときには不動産屋にだまされ、さらには銀行にも振り回される。利害関係のない第三者に相談したいと考え、セミナーに足を運べば、裏で結託した不動産屋に囲まれることまである。

人生最大の買い物であるのに、何たるひどい有り様だろうか。しかしこれだけ一般の消費者が弱い立場にあるのも仕方がない。なんせ国までが、不動産屋の味方なのだから。続く第２章を読んでいただければ、現実としてさまざまな制度が、不動産業界の側を強く保護していることがよくお分かりになるだろう。

しかし私が思うに、家は人生で一番こだわるべき買い物であり、人生で一番わがままな瞬間でいいはずだ。

マイホームを買う。不動産を売る。それは、「あなたの一生」どころか、子ども、さらには孫の代まで影響をもたらしかねない、正に一族の「百年の計」である。そこに妥協は一切不要だ。だからこそこの先もじっくり読み、あなた自身の知識を深めることで、ぜひその選択を後悔のないものとしていただきたい。

第2章
そもそも国は「あなた」より「不動産業界」を保護している

「スタートラインから「あなた」は「不動産業界」に負けている

インターネット時代にも維持される「情報格差」

物件を探す際に重要なのは、なんといっても「情報」だ。いかに自分のニーズに合った物件か、それが分かる情報を得るところから、すべては始まるといえるだろう。

その物件探しのスタートとなる情報収集において、今なら多くの人がインターネットを使っているのではないだろうか。家を買いたい場合などだと、希望の金額や最寄りの駅、条件を打ち込み、物件情報が載っているサイトを巡るはずだ。

一般的に、かつては不動産屋に行くことではじめて物件の情報を入手できた。希望の条件を伝えることで、不動産屋がその条件に沿った物件の情報を集め、選び、欲する人に提供する。それこそが不動産屋の主たる業務の一つであり、情報の伝達方法が電話になろうと、ファックスになろうと変わらなかった。

しかし、インターネットの登場でそれは一変する。消費者はインターネットを介して、あふれるくらいに情報を得られるようになり、自らの力でニーズにピッタリの物件にたどりつけるようになった。そのような現状で、情報収集という面において不動産屋が果たす役割は、もはやないようにも感じられる。

しかしいくらテクノロジーが進もうとも、このままだと、私たちが情報において不動産屋と同じ位置に立つことはおそらくない。というのも、不動産屋は業者専門の物件情報網を使っており、一般の人はこれを見ることができないからだ。

その情報網が「レインズ」（https://system.reins.jp/）である。

情報格差の温床「レインズ」とは

「レインズ」とは「Real Estate Information Network System（不動産流通標準情報システム）」の略称。宅地建物取引業法に基づき、国土交通大臣から指定を受けた「不動産流通機構」である、４つの公益社団法人や公益財団法人が運営する不動産情報のウェブサイトである。

レインズは、流通する物件の情報を、不動産会社間でリアルタイムに共有・交換することができるサービスであり、不動産取引を生業としている不動産屋なら、ほぼこのシステムを使っていると言ってもいい。
平成2年にこの物件情報システムは誕生しているのだが、そもそもどんな目的で作られたのかといえば、以下となる。

①不動産の購入をお考えの方に、不動産業界が把握している網羅的で最新の物件情報のなかから検討し選択していただけるように。
②不動産の売却をお考えの方に、不動産業界全体が連携して買い手をお探しできるように。
（公益財団法人東日本不動産流通機構HP「REINS TOWER」より）

つまりレインズは、そもそも「不動産を売り買いしようとしている、消費者の利益を最大化するために作られたサイト」ということである。

業者しか見られない情報網が「ゆがみ」を生む

しかし現実を見れば、業者しか見ることができない情報網があることで、物件の売り買いにおける根本であり、多くの人にとってスタート地点となる「情報」収集からして、私たち消費者は不動産屋から大きく遅れを取る結果となっている。それが、今の物件の売り買いにまつわる諸問題、その根幹を成していると言ってもいい。

レインズを中心とした情報格差の問題については後述するが、その存在はまるで「ベルリンの壁」のごとく、不動産屋と消費者の間での情報を分断しており、その壁は高くて厚いままだ。

それではレインズの存在に象徴される、あくまで「業界の利益を優先し、消費者の利益を後回しにする」という国の思惑が見え隠れする事例を以下、順に挙げていきたい。

競争原理を破壊する「双方代理」

家を売るときの契約3種

ここで、あなたが自分の持っている物件を売ろうとした場合を考えてみよう。

あなたは「ここだ」と思った不動産屋に出向き、売りたい意思を伝える。その際、不動産屋との間で「売るのをお任せします」という趣旨の媒介契約を結ぶ。宅建業法上、媒介契約には3種類あり、あなたはこの中から1つを選ぶことになる。

①**専属専任媒介契約**…取り扱うことができるのは1社のみで、お客さんは自分で買い手を探すことができない。その代わり、不動産屋は物件情報をレインズへ5日以内に載せる義務がある

②**専任媒介契約**…取り扱うことができるのは1社のみだが、お客さんも自分で買い手を探すことができる。この場合、窓口となる不動産屋は、物件情報をレインズへ7日以内に載せる義務がある

③**一般媒介契約**…売却の依頼を複数社にお願いでき、お客さんも自ら買い手を探すことができる。その代わり、不動産屋が物件情報をレインズに載せるかどうかも自由

3択とはいえ、不動産業にでも従事していない限り、どの選択肢がいいか、多くの人には判断が付かないだろう。どれも一長一短ある選択肢のように見える。

ビジネスの世界に身を置いている人なら、直感的に「③の一般媒介契約が一番いい」と答えたかもしれない。おそらく、複数の不動産屋に競ってもらうことで競争原理が働き、最終

的に高い金額で買ってくれる人を見つけ出す可能性が高まる、と考えるからだ。オークションでも参加者が多いほうが、より早く、より高く売れるのは自明である。

しかし不動産の売買では、おおよそこの考えは当てはまらない。というのも窓口となる不動産屋にとって、③の一般媒介契約こそ、最もヤル気を失う契約だからだ。

反面、もし①の専属専任媒介契約なら、売買する物件をほかの不動産屋に取られることがない。しかもお客さん自身が買い手を探す可能性まで消すことができる。要は、媒介契約を結んだ不動産屋が、完全にこの情報を掌握できるというメリットがあるのだ。

「両手」を望む不動産屋が行き着く先

なお、現状の制度では、売却の依頼を受けた不動産屋が、ほかの不動産屋を関与させることなく買主を見つけることができれば、売主と買主両方から仲介手数料をもらうことができることになっている。

もし売主か買主のいずれかを仲介できれば、その手数料は上限として「物件価格の3％＋6万円（税別。以後すべて同じ）」。このケースは業界用語で「片手（仲介）」と呼ばれている。そして、もし売主・買主両方の仲介ができれば、得られる手数料の上限はその倍、「物

図5 「両手」とは

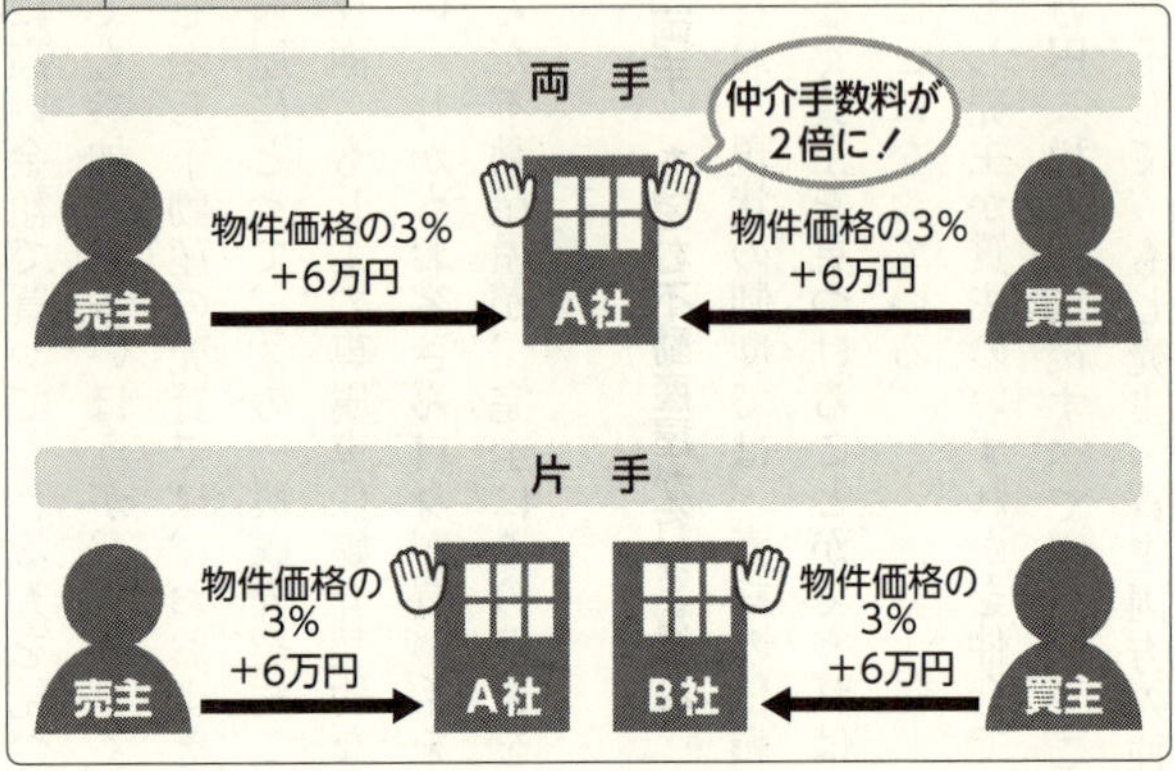

件価格の6%+12万円」となる。こちらは業界用語で、「両手（仲介）」と呼ばれる。

先述したが、不動産屋が売主の代理人（仲介人）であるにもかかわらず、買主の代理人（仲介人）も兼ねることができる、いわば「双方代理」が制度上許されているため、①の専属専任媒介契約に不動産屋はこだわるのである。

他方、③の一般媒介契約の場合、ほかの不動産屋も動くし、お客さん自身が独自に動くことも自由。そうなれば、自社が窓口となって契約がまとまる可能性は少なくなり、一方で営業や宣伝を頑張っても、ほかの不動産屋経由で契約がまとまる可能性が高くなる。

いずれにせよ、特段の理由がない限り、③の扱いの物件は後回しにしたほうが賢明で、①の物件について不動産屋は優先して買主を探すはずだ。②の傾向としては、①と③の間と考えておけばいいだろう。

まとめれば、一般的な商品の売り買いを考えると、自由競争が機能するほうが望ましい。しかし不動産においては「双方代理」が認められる状況に、排他的な性質を持つ媒介契約が存在することで、事実上、競争原理が機能しなくなっているのである。

「双方代理」はこうして消費者利益を毀損する

安くまとめたほうが儲かるという「矛盾」

さらに消費者の利益について、「双方代理」が及ぼす影響を考えてみたい。

物件を売る場合、不動産屋としては「利益を増やすために売却金額を大きくしたい」というインセンティブが働くはずである。だから「なるべく高く売りたい」と考える売主との利害が一致して、きっと頑張って高く売るべく営業をしてくれる、と考える方がいるかもしれない。だが、これは期待どおりになりにくい。

というのも、双方代理が認められることで「片方の代理人として売却金額がなるべく大きくなるよう駆け引きする」より、「双方の代理人として売却金額を手ごろにして手早く話をまとめる」ほうが、結果として、不動産屋が手にする仲介手数料が大きくなるからだ。

たとえば売主が「3000万円の物件をなるべく高く売りたい」と考えていた場合を想定してみよう。

○不動産屋の報酬
・片方だけの仲介業務を通じて4000万円で売却した場合…
4000万円×3%+6万円=126万円
・売主買主の双方の仲介業務を通じて3000万円で売却した場合…
(3000万円×3%+6万円)×2=192万円

あなたが不動産屋の立場なら、どちらを選択するだろうか。同じ物件を売るにしても、双方代理で安くまとめたほうが、報酬は66万円も高いし、当然そちらを選ぶことだろう。

だから消費者の利益が損なわれる

物件自体が高く売れたとしても、自分の手取りが減ってしまうのではバカらしい。むしろ何とか売主を口説き、多少安値でも、手数料が最も多く得られる取引で決着させてしまおうという意思が働くほうが自明だ。

金額だけで見れば、不動産屋が66万円の利益を得るために、売主は１０００万円を得る機会を損失した可能性があることになる。しかし一度契約がまとまってしまえば、その事実を誰も知ることはない。

このように「双方代理（両手仲介）」が制度上可能なことによって、端的に言えば、消費者と不動産屋の利益が一致しにくくなっている。そしてその結果として、ここでもやはり業界の利益が優先され、消費者の利益が損なわれる結果につながっているのである。

ネガティブな方向へ磨かれる売買テクニック

双方代理でまとめるためにテクニックは磨かれる

不動産屋からすれば、双方代理は儲かる。そのため、なるべく双方代理で契約をまとめるべく、そのテクニックはさらに磨かれている。

双方代理を成立させるためには、ほかの不動産屋を排除することが望ましい。だが、専属専任媒介契約を結べたとしても、不動産の情報サイトであるレインズへ契約から5日以内に登録、ほかの不動産屋の目に晒さなければいけない。そうした状況で、双方契約を取り付けたいと考えたならば、どうするか。

もしかすると「そもそもレインズに載せない」と考えるかもしれない。当然、これは違法行為であるが、現実として「未公開物件」「非公開情報」と書かれたチラシや、街の看板を目にした読者の方は多いのではないだろうか。もちろんケースバイケースなので断言はしないが、「未公開」という言葉の意味するところを考えれば、その物件の情報を意図的に隠しているに相違ない。

「客にバレなければいい」という考え方に基づき、情報を自社内だけに留めておけば、ほかの不動産屋の目に晒されることは当然なくなる。もしくは美味しい情報は表に出さず、気心の知れた不動産屋仲間で融通し合うこともできる。

一度レインズに載せても、すぐに消したり、ほかの不動産屋が問い合わせても「商談中です」とウソをついたりして排除する。こうなれば、競争原理は働かなくなる。

町を歩けば「未公開物件」があちこちに。ここでいう「未公開」とは一体なにを示しているのだろうか

こうした行為は、すべて利益や客を一人占めしようとする表れであり、業界用語で「囲い込み」と呼ばれる。

頻発する「囲い込み」への対策

特に最近だと「商談中」を装うことで、他社からの問い合わせを断り、顧客を囲い込む手口が頻発し、問題となっている。

しかも、囲い込みを行っているのは中

図6 「囲い込み」とは

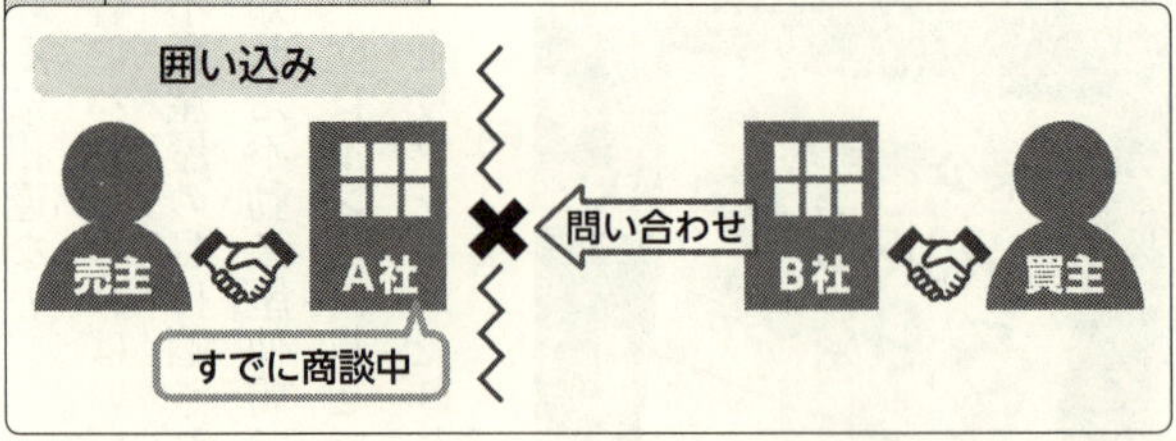

小規模の不動産屋だけではない。『週刊ダイヤモンド』の記事によれば、首都圏の住宅販売において、調査対象476件のうち、囲い込みの対象とみられる物件は50件に上り、それらを行っていたのが、いずれも大手の不動産仲介業者であったことが記されている（2015年4月18日号、「大手不動産が不正行為か 流出する〝爆弾データ〟の衝撃」）。

そのような事態を前に、不動産の売買を管轄する国土交通省もようやく重い腰を上げた。

たとえば16年1月以降、レインズに取引状況（ステータス）管理機能を付け、実際に商談中かどうか、一目で分かるようにした。これによって、売主である消費者自身、ステータスの部分だけ見ることができるようになっている。

しかし、残念ながら囲い込みはまだなくなっていない。講じた対策を不動産屋は軽々と乗り越え、むしろ売買のテクニックはさらに磨かれている。

新しい「囲い込み」とは

確かにステータス機能によって、①の専属専任媒介契約と②の専任媒介契約において、囲い込みがしにくくなった。であれば、③の一般媒介契約をうまく使えばいい、と不動産屋は考えた。

先述したとおり、一般媒介契約のもとでは媒介契約を複数の不動産屋と結べるし、客自ら、買主を見つけることもできる。だからこそ不動産屋としてはなかなか積極的になれないと記したが、実はこの契約下では物件情報をレインズに載せなくていい。不動産屋はそこに目を付け、新しい囲い込みを志向するようになった。具体的には、客と深くコミュニケーションを図ることで、心を鷲掴みにする作戦だ。

一般媒介契約の状況で、「この不動産屋以外では家を売らない」と客が考えてくれた場合、レインズに情報を流通させなくていいのだから、自分のところだけで情報を留め、「未公開物件」にできる。当然、ステータス機能なども意味がなくなり、囲い込みを続けることができる。そうなれば双方代理を通じて安く売りぬく、いつものパターンへ持ち込むことが可能となる。

こうした状況が、消費者にとって一概に悪いとは言えないが、自分の利益が損なわれる結果になっていないか、注意はしておいたほうがいいだろう。

そもそも、物件がレインズに登録されれば『登録証明書』が発行される。もしあなたが不動産屋に売却を依頼したのならば、期日どおりにこの登録証明書が発行されているかどうか、それぐらいは不動産屋にしっかり確認するべきである。

あくどくすればするほど「儲かる」という現実

とにかく「仲介」を重ねろ

不動産屋はそのビジネス上、倫理観を崩壊させたほうが儲かる場合があることも否めない。その分かりやすい例が、両手仲介を2回繰り返すことのできる「買取再販」の悪用だ。「買取再販」とは不動産屋が物件を買い取り、リフォーム(リノベーション)したのち、適正価格にして改めて市場に出す手法を主に指す。

たとえば、3000万円で中古のマンションを不動産業者が購入し、お風呂やキッチンを新しいものと取り替え、間取りを変更し、壁紙を新しいものにしたうえ、4000万円で販売、といったケースは典型的だ。

もちろん「買取再販」のすべてが悪いわけではない。適正価格で、実直に売買を行う不動産屋もたくさんいる。しかし、儲け至上主義の不動産屋がいた場合、そのあくどさが如実に表れる販売方法でもある。以下にその一例を紹介したい。

たとえば「古くなったマイホームを売りたい」と考える売主がいたとしよう。その仲介をすることになった不動産屋Aは、知り合いの不動産屋Bと組み、そのままBへ不動産を売る。この場合、不動産屋Aは売主、そして買主の不動産屋Bの双方を1社で仲介。いわば「両手」仲介を行ったとする。

途中、買主の不動産屋Bは不動産屋Aに対して、「売主になるべく安く売らせろ」と、要望を出す。そこで不動産屋Aは売主に対し、「業者しか買わない物件です。ここで売らないと後はありません」などと言いくるめ、市場に出せば4000万円で売れる可能性がある物件を、不動産屋Bへ3000万円で売ってしまう。そして買い受けた不動産屋Bは、この物件にリフォームやリノベーションを行って、利益を十分に乗せて市場へ戻す。

しかし、市場へ戻すといっても、そのままレインズに載せたりするわけではない。ここでのポイントは、リフォームした後に買主へ売却する際、不動産屋Aが仲介をすべく、再度暗躍することだ。

仲介をしてくれる不動産屋は本来、ほかにいくらでもいる。それにもかかわらず、同じ不動産屋Aが「未公開物件」などの名目で、公開前に先んじて買主と交渉。5000万円での売買契約を成立させてしまう。

あくまでこれは一例だが、テクニックをフルに用いれば、不動産屋が手にする仲介手数料はどんどん膨らむ。なお今回の場合、不動産屋Aが仲介手数料として得る額を厳密に計算すれば｛(3000万円×6%+12万円)×1・08｝+｛(5000万円×6%+12万円)×1・08｝で、およそ544万円。これは売主と買主の双方代理、つまり両手仲介をした取引を2回行うことで、はじめて創出できる額だ。

「安く買って高く売る」のは商売の基本だし、決して悪いことではない。しかし仮に、この不動産屋Aが不動産屋Bと結託せず、素直に市場へ出した場合、売主の利益はどうだったか。売主が市場の論理に任せていれば、4000万円で直接、買主に売ることができたかもしれない。この時点で売主の利益は大きく変わっている。リノベーションも、業者が先にやらないとならない理由はほとんどないだろう。買主が買った後に自分の好みにやればいいし、おそらく業者の利益が乗っていない分だけ安く済むはずだ。

しかし今回のケースでは、不動産屋たちは最初から、自分たちの利益を最大化することを重視し、売主や買主の利益を毀損することをいとわなかった。客が不動産屋にコンタクトを取った、最初のその瞬間に、自分たちの利益が最大化することを意図して、取引を進めたのだ。この点で「あくどい」と言える。

仲間内での仲介手数料や転売利益については、「今回はこちらに持ち込まれた物件だから、そちらの取り分を抑えてくれ。次回はそちらを儲けさせるから」など、そのときの状況に応じて案分をすればいい。このようにして「あくどい不動産屋たちが、あくどい方法で儲ける」というサイクルが繰り返されていくのである。

あくまで不動産屋が儲かるために

では、本来あるべき不動産売買の形とはどのようなものだろうか。

それは簡単に言えば、取引を入札形式に近い形で行うことだと思われる。情報をなるべく広く拡散し、ときに競わせ、一番高い金額を提示した買主に売る。その際、買主には売主と別の不動産屋が代理として付くのが当然理想的だ。

しかしこの方法では、不動産屋Aの利益が「物件価格×3%+6万円」と最小化する。会社である以上、利益の確保は優先されるべきであり、みすみす最小化させてしまうことは、決して望まない。だから売買の流れが一向に、理想形へと近付かないのである。

ともあれ「買取再販」は不動産屋にとっては、「両手仲介」以上に実入りが大きくなる可能性を秘め、消費者は大きくソンをしかねない取引である。

また、近年のリノベーションブームを背景に売上を伸ばすリフォーム会社は、雨後のたけのこのように登場した。しかし多くが新しい業態ということもあり、規制する法律があまりないことから、費用がピンキリなのはもちろん、売り方や建て方、進め方などもまちまちで非常に頼りない状況が続いている。

おしゃれな展示場やホームページ、そしてリノベーションした内観などにだまされ、業者たちの術中にはまることがないよう、ぜひ心してほしい。

都合の良い「あいまいな」単位と単価

土地や建物を計る際の単位

土地や建物の面積を考える際の単位として、「坪（つぼ）」「畳・帖（じょう）」などがある。一方、ほとんどの人が面積を考える際、用いる単位は小学校でも習う「㎡」だと思う。しかし、ほとんどの不動産屋は「㎡」と同様に「坪」を使い続けている。

一坪は約3・3㎡。イメージとして、畳2枚分が1坪と表現されるが、今や自宅に畳がない家で生まれ育つケースも多く、もはやイメージが湧かない人も多いはず。畳一枚、約1・65㎡を示す「帖」という言葉に至ってはさらになじみがないし、そもそも読み方が分からない人もいそうだ。

なお「畳（帖）」の大きさについては、さらにバリエーションがある。

- 京間…1・824㎡／畳
- 中京間…1・6562㎡／畳
- 江戸間…1・548㎡／畳
- 団地間…1・445㎡／畳

京間と団地間だと同じ一畳で、約25％も面積が違うことが分かる。こんなに複雑では、そもそも単位と呼ぶことも心もとない。

注文住宅の設計に用いられる「坪単価」という言葉も厄介だ。これは、家を建てる際の「床面積1坪当たりの工事費用」を表していて「坪単価＝建物本体の価額／延床面積」となるが、分子にあたる「建物本体の価額」において、その考え方は何とおりもある。

たとえば「家の本体工事費（コンクリート基礎、骨組み、屋根、内装、外壁など）」だけを考える場合もあるだろうし、業者によっては「家の本体工事費（同右）＋付帯工事（地盤改良、外構工事、電気・ガス・水道の屋外設備など）」まで考える場合もあるだろう。

分母の「延床面積（坪数）」についても、特に統一した基準はない。

だから業者によっては「法定延床面積（玄関、ベランダ、押し入れ、クローゼット、地下室などを含まない）」を考えたり、「施工床面積（玄関、ベランダ、押し入れ、クローゼット、地下室などを含む）」で考えたりとまちまちだ。分子も分母も、どれを使わないとならない、どれが基本、という規定は特にない。

あいまいだから都合がいい単位を使える

このように単位があいまいのまま、何を使うかは不動産屋にお任せ、となるとどのような事態が起きるか。

お買い得感が出るようにしたいときは、分子を家の本体工事費だけにして小さくし、分母を施工床面積にして大きくすればいい。そうすれば「坪単価」をより安く見せることができるからだ。さらに本体工事費の一部を、付帯工事に付け替えてしまえば、より坪単価は下がる。こうして意図的に安くした「坪単価」に、買主は坪数をかけ、それで家を建てることができると考える。「坪単価」という名称である以上、それは当然だ。

しかしこの計算では、諸経費（登記費用や火災保険料など）が含まれないから、建築が決まった後に、あれよあれよという間に費用がかさむ。結果として当初の予算をオーバーするケースは枚挙に暇がない。

「あいまいさ」が直接的に消費者の利益を損なうことも、もちろんある。

たとえば区分マンションを買う際、「壁芯」と「内法」という2とおりの測り方がある。前者は部屋の面積を測る際、隣の部屋と隔てる柱壁の中心から測る手法だ。後者は壁の表面の内側から測る手法である。

「壁芯」で測ったほうが、「内法」で測るよりも部屋の面積は大きくなる。面積にして数パ

図7 「壁芯」と「内法」

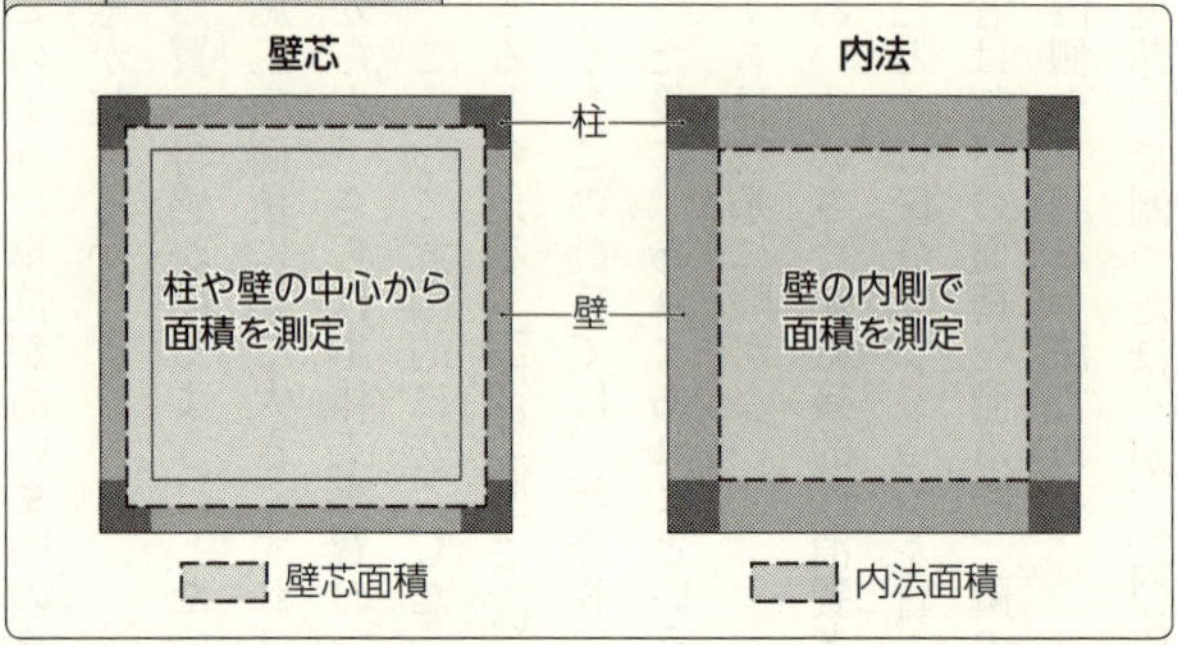

ーセント程度変わるはずだ。だからこそ、なるべくおトクに見せるために不動産屋は「壁芯」を用いたがる傾向がある。

しかし不動産登記簿上では「内法」で測られているし、社会的には「内法」の考え方のほうが一般的である。その事実を知れば、なんだかソンした気分になるかもしれない。

しかし気分の問題で済むのならまだいい。このあいまいな測定方法が原因となってトラブルに発展する場合が、近年見られるようになった。

「あやふやさ」が消費者の利益を損ないはじめた

たとえば16年現在、ローンを組んでマイホームを買う人を増やすべく、税金上のメリットとして「住宅ローン控除」という制度が設けられている。これは条件にあてはまる物件を購入した場合、年末における借入金残高、その1％分の所得税、住民税が確定申告（または年末調整）することで、一部還付されるという制度だ。

詳しくは第4章で解説するが、ローンを借りて住みはじめてから10年間還付され続けることもあり、家を買う人にとって、使うメリットはとても大きい。現状、住宅ローン控除を使った場合、10年間で得られるメリットは、最大500万円（認定住宅の場合。一般住宅だと400万円）にまで及ぶ。

その住宅ローン控除の適用要件の中に「登記簿上の面積（床面積）50㎡以上」という条件がある。この要件に当てはまらなければ、住宅ローン控除は受けられない。もちろん49・9㎡ではアウトだ。

繰り返すが、登記簿上では面積が「内法」で計算される。しかし不動産屋が作成したチラシなどでは、先述のとおり「壁芯」を使いたがる。こうした食い違いを重ねるうちに、登記簿上での面積と購入者の認識がずれたまま、購入に至ることは少なくない。

もし50㎡以上の物件を買ったつもりで面積が足りなかった場合、税務署の職員に泣きついてもどうにもならない。不動産屋に文句を言っても「税金のことは私たちの専門外です」と逃げられてしまうことだろう。

以上のように、不動産においては「単位」や「単価」で単純に比較することが難しく、「測定基準」もあいまいなままに放置されているのが現状である。しかし不動産の面積が条件となる制度が増えているのに、当てにならない単位や基準が法律で規定されることもなく、長年放置してあることがとても不思議というか、やや異常な事態のように私は感じている。

高すぎる仲介手数料は「弁護士報酬並み」

仲介手数料は士業の報酬と比べても「高い」

先ほど「双方代理」の話題で、仲介手数料について解説した。売主か買主、いずれかを仲介すれば消費税別で「物件価格×3％＋6万円」となる。実際にはどれくらいの金額になるか、消費税まで含めて以下に計算してみたい。

- 3000万円の物件で、103万円
- 5000万円の物件で、168万円

図8　士業の報酬額比較

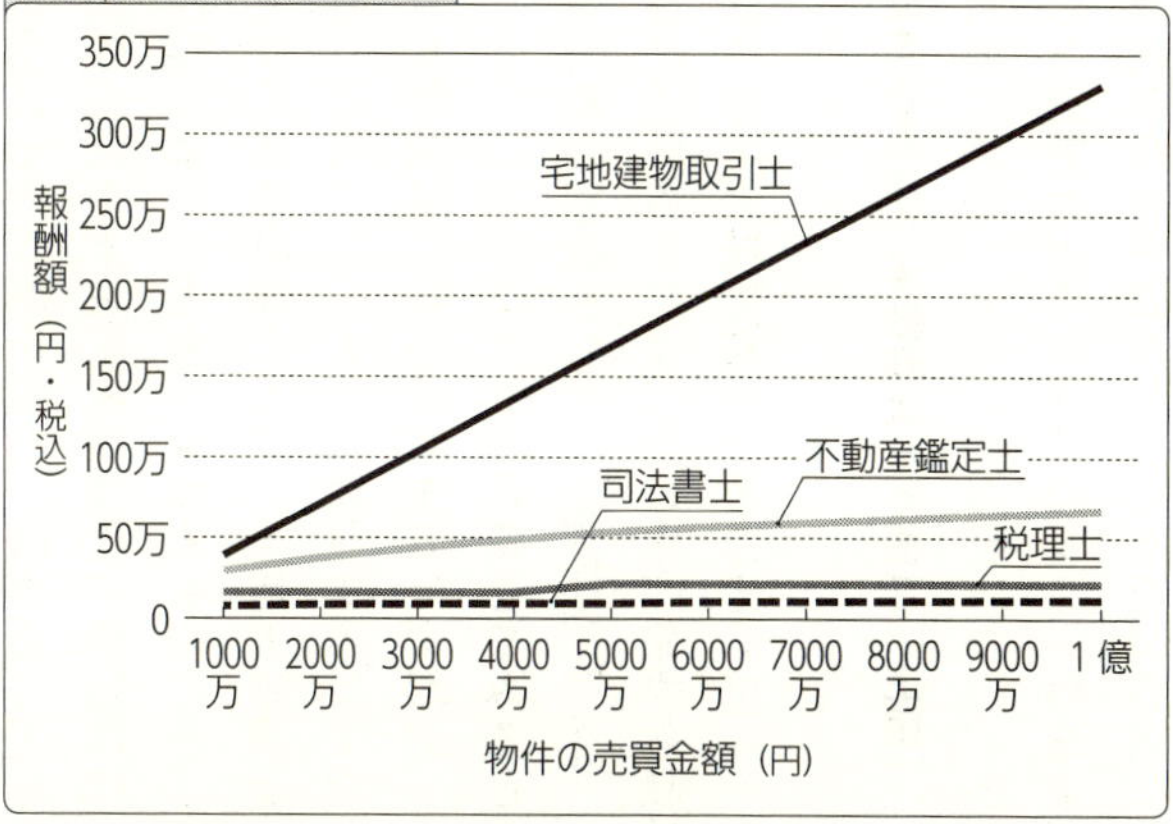

出典：宅地建物取引士は「建設省（現国土交通省）告示」の「報酬額」、不動産鑑定士は「基本鑑定報酬額表」の「建物及びその敷地の所有権の報酬」、司法書士は「旧司法書士報酬規定」から「所有権移転報酬」「抵当権設定報酬」「立会の日当半日」の合計、税理士は「旧税理士報酬規定」から「分離課税譲渡所得」「日当」の合計より筆者作成

- ７０００万円の物件で、２３３万円
- １億円の物件で、３３０万円

不動産仲介をするための資格である「宅地建物取引士資格試験」、通称「宅建」の合格者は、平成27年4月1日より「宅地建物取引主任者」から「宅地建物取引士」へと名称を変えた。弁護士や税理士などと同じ、士業へと仲間入りしたわけだ。

しかし先述した仲介の報酬額は、同じく士業である公認会計士の私から見ても、高すぎるという印象がある。ほかの士業と報酬を比較してみよう。

今現在、税理士や司法書士、不動産

鑑定士はその報酬を自由に決めることができ、専門家ごとにその額には幅がある。もちろんほかの士業や土地家屋調査士の報酬は状況によるものだし、弁護士報酬もクライアントや事件内容によって大きく変わるものだろうから、直接的に比較対象にはできない。

しかし私の認識として、土地家屋調査士が不動産を測量したとして、その費用は高くとも100万円ぐらいまでには収まるはずだし、弁護士報酬は経済的利益の概ね3%から、高くとも8%前後くらいで収まるはずだ。

だからこそ、こうして比較してみると、宅地建物取引士の報酬の高さが際立つ。士業が得る報酬額の認識として、「物件価格×3%+6万円」は「破格」とまで言える価格で、桁を間違えているのでは、という印象すら私は覚える。とりあえず現状の不動産の仲介手数料は、ほぼ「弁護士報酬並み」と言えるだろう。

高すぎる仲介手数料はあくまで「上限」

制度で決まっているから仕方ない、とお考えになったかもしれない。しかしそれは違う。むしろ消費者がこの高額なレートのまま、その報酬をそっくりと払う義務はない。

昭和45年10月23日に行われた建設省（現国土交通省）の告示によって決まった報酬額は、

上限として「物件価格×3％＋6万円」。あくまで「上限」であり、これ以上の報酬を取ればば罰せられる、というレッドゾーンが示されたに相違ない。一般財団法人である不動産適正取引推進機構が発行する「不動産売買の手引」でも報酬額に関し、「実際に支払う額はこの限度額（上限額）内で、話合いで決めるもの」と書いてある。つまり、大原則として「仲介手数料の額は話し合いで決める」のだ。そして上限が決められていて、その上限を超えたときに罰則がある。

なお一般財団法人土地総合研究所が全国の不動産業者を対象に実施した『不動産業についてのアンケート調査』報告書によれば、不動産仲介の手数料として「宅建業法令に基づく上限基準を適用している」との回答が83・8％、つまり8割強の不動産屋が上限いっぱいに仲介手数料を受領していることが分かる。だから不動産屋はこの上限報酬が、さも法律で決まっているかのように扱うかもしれないが、それはとんでもない間違いだ。

仲介手数料はどれくらいの額が妥当か

では、不動産屋と話し合いを通じて仲介手数料を決めることになったとして、いくらくらいが妥当なのだろうか。

これもあくまで私見だが、資格取得の難易度や取り扱う業務の複雑さ、専門性から考慮するに、税理士や司法書士より、宅地建物取引士の報酬が高い状況は、いささか納得がいきにくい。「相手との交渉があるし、税理士などのいわゆる『代書屋』より報酬は高くていい」と主張するとしても、土地家屋調査士だって隣人との折衝があるわけで、不動産の評価を決めるために手間が多い不動産鑑定士の報酬より高いのは、やはり違和感が残る。

そう考えたとき、税理士や司法書士の報酬と、土地家屋調査士や不動産鑑定士の報酬の間がふさわしいように感じられる。たとえば1億円までのマイホームの売買なら、上限として30万円くらいが「妥当」な額ではないだろうか。

なお報酬について、話し合うパターンで不動産屋にお願いするタイミングだが、可能ならば彼らから物件を紹介してもらう、その前がいいだろう。つまり、店にはじめて足を運んだ日など、具体的なやりとりを始める、その最初だ。

もし「その仲介手数料では対応いたしかねる」という回答があったなら、すぐに別の不動産屋へ行こう。最終章で記すが、すでに仲介手数料半額、それどころか無料をうたう不動産屋まで登場している。業者同士の競争が激しさを増す昨今、消費者のニーズに即して、むしろ不動産仲介料は、これまでの「物件価格×3%+6万円」から「30万円」へ向かっているといって間違いない。

私の知人である不動産屋とこのことを話した際、「仲介手数料３％分の仕事は十分にしている」と主張した者がいた。さらには「現状の上限規定を超えて、10％くらいの仲介手数料をもらってもおかしくない」と言う不動産屋もいた。

きっと彼らはあくどい「囲い込み」をやりすぎた結果、自らの価値を過大評価するようになったのだろう。しかしこれから先、おそらく消費者が見ている目線と彼らの目線は大きく食い違っていくはずだし、むしろ彼らの活躍の場が減少し、その分、健全な市場が盛り上がっていくことをひそかに期待したい。

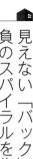

見えない「バック」が負のスパイラルを生む

「バック」は法律やコンプライアンスで禁止されているが

物件の仲介をしている不動産屋が受け取る「バック（キックバック、バックマージン、紹介料）」は多岐にわたる。宅建業法や各社のコンプライアンスで禁止していることがほとんどで、多くは違法だが、このバックで懐を潤わせている不動産営業の数は決して少なくない。

たとえば仲介する際、仲介料と別に、売主や買主からもらうバック。これはつまり特定の物件を、ほかの物件よりも優先して売買したら、仲介手数料と別にいくらかを渡す、という意味でのバックだ。

バブル期など、物件が飛び交う時期にはよく見られたのかもしれないが、最近はあまり聞かない。かつては仲介する不動産屋はこのバックが欲しいために、特定の物件を積極的に売買し、架空の広告費やコンサルティング料などの名目で仲介手数料とは別にもらうことがあったようだ。

たとえば、不動産流通推進センターは「不動産ジャパン」上の「トラブル事例集」で、過去に実際に起きたトラブルとして次の事例を紹介している。

消費者「(物件を買う際に)売買契約が成立して不動産会社に報酬を支払うとき、仲介手数料以外にコンサルティング手数料という名目で手数料の上乗せを迫られました」
不動産流通推進センター「依頼した覚えのないコンサルティング手数料の請求を受けたときは「コンサルタント契約はしていません。仲介手数料を支払えば十分なはずです。」とはっきり断りましょう……このような行為は、仲介手数料の上限を定めた宅地建物取引業法に違反する可能性もあります」

これとは別に、物件を売る際に起きたトラブルとして、次の事例が紹介されている。

消費者「地方に持っている別荘地を売却したいと思い、自宅の近くの首都圏の不動産事業者に、売却を依頼しました。すると、広告を打つので（仲介手数料とは別に）50万円を至急振り込んで欲しいと言われました」

不動産流通推進センター「広告費用を売り主側が負担する契約を結んでいない限りは、必ずしもこうした要求に応じて費用を支払う必要はありません」

賃貸だが、借主側の仲介をしていた不動産会社が貸主、つまり不動産オーナーが本来支払う必要のない「広告料」という名目で、賃料の3か月分を請求したという事例もある（東京地判、平成27年7月9日）。もちろん、借主から仲介手数料をもらっていて、さらにそれと別に金銭を授受すれば宅建業法違反だ。

「リベート」のやりとりは当たり前

さらに、不動産業者が仕事を依頼する先、つまり下請けの関連業者からもらうバックもある。それはたとえばリフォーム会社だったり、残置物処理の会社だったり、さまざまだ。

私が不動産業の関係者が集まるパーティに足を運んだ際、そこに来ていた残置物処理会社の社員が、当たり前のように「キックバックとして弊社は10%をお返しいたします」と宣伝していたのを耳にしたことがある。

この宣伝はつまり、関連業者が消費者から受けた報酬のうち、10%に相当する金額を、紹介してくれた不動産屋に支払う、ということを意味する。これは「売上割戻」と呼ばれる販売奨励金、つまり「リベート」であり、通常の商取引の範疇であり、違法性はない。ただ、そうしたやりとりが当然のように行われる状況は、消費者の立場から見て、決して気持ちがいいものではないだろう。

また、関連する士業から搾取するバックも蔓延していて、性質《たち》が悪い。司法書士を生業とする知人、そのうち決して少なくない数が、「不動産会社からバックを要求された」と漏らす。不動産屋に対して「バックの支払いは司法書士法や会則で禁じられている」と断れば、

「バック分を請求書に上乗せして客に払わせろ」とのたまう不動産屋もいたという。

だから、もし売買をお願いした不動産屋があなたに対して「腕のいい業者をご紹介します」などと先回りして、一社だけ、もしくは一人だけを紹介してくることがあれば、「バックが目当てでは」と疑いを持ってもおかしくはない。

もちろん、紹介してくれた業者が、ほかの業者よりも腕が良かったり、良心的な値段だったりすることもあるだろう。しかし、ここまででも記したとおりだが、判断を不動産屋に任せると、あなたの利益がどんどん削られていく可能性は極めて高い。

だから知り合いの業者でもいいが、相見積もりを持ってきてくれるような不動産屋を選びたいところだ。そのうえで、あなた自身が業者を探す余地まで残してくれたのなら、それは間違いなく信頼できる不動産屋だろう。

こういったバックを一切受け取らないし、払わないという不動産屋も増えている。社内規定で禁止し、下請け業者に対しても絶対にバックを要求せず、あくまで自分の客に対して、最高の仕事をしてくれる業者を選ぶ公平な不動産屋もいることはいる。この本を通じて彼らを見極める目を、ぜひ読者には養っていただきたい。

「違法」であることを知っておこう

なお、公認会計士という立場からすると、キックバックを払ったり、もらったりしている様子を見聞きすると、宅建業法とは別に、会計と税金の面で大丈夫だろうかと心配になる。

サラリーマンであるはずの不動産営業が関係者からバックをもらった場合、業務を通じてもらったお金であり、本来は所属する不動産会社が受け取るべきもの。こっそり自分の財布に入れるのではなく、会社に報告して渡さなければならない。

もしそれをしないのなら、不動産会社としては「売上の未計上」に該当し、上場企業なら従業員不正とともに会計上（監査上）の問題になり、税金面で未計上分に対する法人税を払っていないため、脱税扱いになる可能性が高い。個人事業として不動産屋を営んでいれば、所得税の脱税となる。

そのほかにも、給与の源泉徴収漏れに該当するおそれなどもあり、現実として多くの問題を含有している違法行為である。それなのに、宅建業法の取り締まりがゆるいためか、法律違反であろうと、現実として消費者をカモにする仕組みができあがってしまっている。まわりまわってソンをするのは消費者なのだから、「ほとんどのバックは違法」という事実についてだけでも、ここで理解をしておいてほしい。

「中古市場拡大」と「インサイダー取引」がもたらすもの

インサイダー取引が厳しく処罰されるべきこれだけの理由

第1章でも記したが、仲介を務める不動産業者も家を買えるために起こる弊害について、あらためて株式市場と比較して考えてみたい。

そもそも株式市場とは、投資家が儲かったり損したりする場、という意味だけではなく、眠っているお金を商品やサービスを作る企業へまわし、結果的に社会全体をよりよくしようとするための場である。

しかし株券という紙（または権利）そのものについては金銭的な価値はないので、不公平な市場となって投資家の信頼を失えば、誰も株式市場へお金をまわす気はなくなる。そうなれば、株式市場そのものの存続すら危うくなるため、インサイダー取引は固く禁止されている。株式におけるインサイダー取引は法律として、金融商品取引法第166条において禁止されていることに加え、証券会社や監査法人、その業界団体が自主規制を設けることで厳しく制限している。

一方、金融庁に置かれた証券取引等監視委員会は常に株式の売買を入念にチェックしており、インサイダー取引の疑いがある場合、この組織から呼び出しを受けることになる。証券取引等監視委員会、地方の職員を合わせて約800人になる組織が、全国の公認会計士や証券マン、上場会社の役員等の動きを牽引し、この張りつめた空気を作っているのは見事としかいえない。

インサイダー取引と限りなく近い不動産取引

株式に詳しい人にとっては「当たり前の話」が続いて申し訳ない。ともかく、株式市場の関係者と株式の間には、厳格で高い倫理観があることが分かっていただければと思う。

今一度確認するが、インサイダー取引の要件（金融商品取引法第166条）とは以下だ。

- 企業の内部情報に精通した立場にある人やその関係者が、その立場を利用して重要な内部情報を得、その情報が公表される前にこの会社の株式等を売買することこれを踏まえ、では不動産市場はどのようにまわっているだろうか。

・そのエリアの内部情報に精通した不動産会社が、その立場を利用してある特定の不動産に関する情報を得、この情報をレインズで公表する前に不動産を売買することができる

株式、不動産という扱う商品の差はあるものの、外部から見た限り、かなり近い印象を受けるのではないだろうか。頻繁に見かける「未公開物件」や「未公開情報」も、それが本当だったとしたら、インサイダー取引に限りなく近い存在だといえるだろう。問題はなぜそうした取引が法律で、具体的には、不動産屋を管轄する法律である宅建業法で許されているのか、という点である。

なぜ業者による不動産取引はこれまで規制されなかったのか

家とは誰にとっても不可欠な存在だから制限されない、という事実が、もちろん一因としてあるだろう。ただ確認する限り、理由を明確に説明した資料が見つからなかったため、株式市場と比べて、私なりに推察してみたい。

株の場合、同じ株式を持っている人が多数いることもあり、ニュースになりやすい。たとえば1987年、タテホ化学工業による巨額損失、その発表前に、情報を知っていた関係者が株を売り払う、いわゆる「タテホ・ショック」が起き、株式市場が暴落した。それを機会に、インサイダー取引をより厳しく規制すべき、という考え方があらためて広がっている。

くらべて不動産屋がインサイダー的な取引で得た利益は極めて分かりにくい。そもそも、その被害者自身が自覚することも難しく、規模や関連した人の範囲が小さいため、ニュースにはなりにくい。そうした背景もあり、問題意識が高まらず、取引を制限する条項が宅建業法などに現状存在していない、と私は考える。

それでも国は強引に盛り上げる

とにかくこういういびつな市場を前にした場合、消費者が己の身を守るために取る手は、その市場へ近付かないことであると、すでに記した。しかし国はいびつなまま、物件の中古売買市場を盛り上げるほうへ注力をしている。

次ページの図9をご覧いただけば分かるが、日本は海外と比べて中古不動産の流通量が少ない。しかも空き家が増加しているので、国はその流通を増やしていこうと試みているので

図９　既存住宅の流通割合

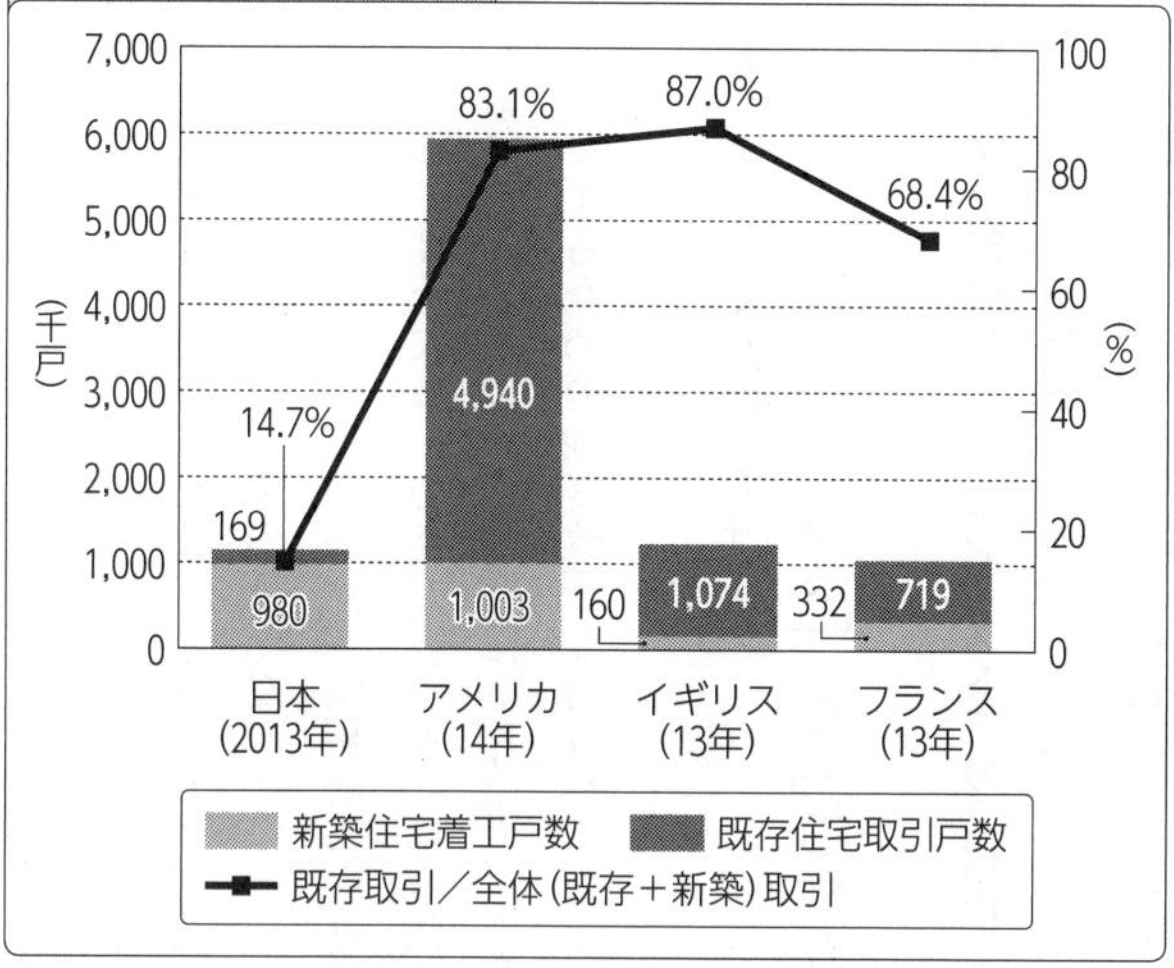

出典：2015年度版「住宅経済データ集」、国土交通省住宅局住宅政策課

ある。

16年３月に閣議決定された「住生活基本計画」には「『住宅すごろく』（住宅購入でゴール）を超えて、適切な維持管理やリフォームの実施により、価値が低下せず、魅力が市場で評価され、流通することにより、資産として次の世代に承継されていく新たな流れの創出」、と記載されている。現実として、中古不動産市場の規模を、13年の４兆円規模から25年にはその倍、８兆円にすると目標を掲げ、購入しやすくするための補助金や金融商品の開発に取り組んでいる。

つまり「消費者の皆さん、中古不動

産市場へ飛び込んできてください」ということだろうが、インサイダー取引が合法とされたままの世界へ、一般人に飛び込め、というのはカモネギというか、あまりにひどい。そもそも、中古不動産市場がこれまで盛り上がってこなかったのだとしたら、それは既存の方法で支持を得られなかった、その証左だ。

カモられるリスクが怖いから、積極的に売りにも買いにも出せず、それがまた、空き家を増やす一つの要因になってきた。であれば解決すべきはリフォームなどで建物の価値をキープする施策だけでなく、「流通」にもスポットを当て、中古不動産市場を公平性・透明性があるものにするための制度改正を行うべきだと私は考える。

すべての元凶は「しばりのゆるさ」と「熾烈な競争」にアリ

不動産屋の数はコンビニエンスストアの2倍以上

ここまでで、不動産業はやり方次第で大きく稼ぎ出すことができるとお分かりになったのではないだろうか。そして業界の成長を損なわないために、国や制度のしばりがある程度ゆるいまま、放置されていることもお分かりになったはずだ。

だからこそ、その「旨味」を求め、今や過剰すぎるほど多くの不動産屋がひしめいている。

現在、その数を示す宅建業者数は、全国で12万３３０７（15年度末時点。一般財団法人不動産適正取引推進機構）。どこにでもある印象のコンビニエンスストアですら、15年末の時点で５万３５４４店（「ＪＦＡコンビニエンスストア統計調査月報」）だから、つまりこの日本には、コンビニエンスストアの２倍以上も不動産屋があるという計算になる。

駅前では不動産屋の隣が別の不動産屋、などということも珍しくない

確かに、どこの駅前に行っても大抵不動産屋はあるし、都心ならば１階から５階まで、すべてのテナントが不動産屋、というビルを見かけることも珍しくない。

数が多いこともあり、不動産屋同士の競争は熾烈を極めている。さらに言うと、各営業所で働く人たち同士の競争も激しい。自然、販売件数や売上に対するノルマは重くなる。

現在、営業所で働くうち、5人に1人が宅建合格者である宅地建物取引士であれば、売買をすることができ、ほかの4人は宅建を持っていなくても仕事ができる。重要事項説明のときだけ、宅地建物取引士が登場して済ませればいいから、全員が資格の勉強をする必要はないし、稼ぎはあくまで実力次第である。

「競争過多」が生み出す負のスパイラル

激しさを極めた競争の結果、ノルマを達成するために客へウソをついたり、大事なことを言わなかったりしたためにトラブルが日々起きている。

過去の判決を見れば、たとえば、市街化を抑制する目的で指定されている「市街化調整区域」の土地で建物が建築できないにもかかわらず、建築ができるかのように客へ説明し、信じこませて買わせた事例（津地裁四日市支部、平成9年6月25日判決）や、マンションの管理規約で禁止されているにもかかわらず、「ペットが飼える」と誤った説明をして買わせようとした事例（「トラブル事例集」、不動産ジャパン）など枚挙に暇がない。

不動産業に限った話ではないが、営業職はノルマを達成できなければ、上司からプレッシャーを受け、会議や朝礼などを通じ、晒される。

しかし彼らが扱う商品の多くは大事な「家」であり、数千万円の買い物、売り物だ。ほかの業種が扱う商品とは桁が2つも3つも違う。そこに、目の前の客を「だまして買わせる」という認識が加われば、倫理観や正義感が強い人や心優しい人の場合、葛藤を起こすことは決しておかしなことではない。ノイローゼやウツになる営業マンもおり、リタイアする数も多いから中途募集も多くなる。退職者が多いから、会社としても社員教育に時間をかけられず、社員のレベルがなかなか上がらない「負のスパイラル」を起こす。

私は職業柄、不動産会社の営業所へ足を運ぶことが多い。これはあくまで主観としてではあるが、10人くらい営業マンがいたとして、そのうち1つか2つの席は常に空いたまま、という場面に出会うことが多い。聞けば、何らかの事情で出社できなかったり、病んで長期の休みを取っていたり、という状況が多いようだ。

しかしこのような旧態依然とした会社やゴリゴリの営業マンが残る一方、もっとスマートに商売を行う会社や、営業力と違うところで勝負をかける社員に出会う機会も増えている。

某大手不動産仲介会社、その本社のコンサルティング事業部へ、営業所から抜擢された知人がいるが、その事業部には、全国から精鋭の営業マンが集められている。彼らは従来の不動産営業という範疇を超えた「不動産コンサルタント」として、税金、金融、法律、建築といった広い範囲の知識や経験を蓄積し、選ばれた顧客への提案のために日々走りまわっている。

彼らの多くは自信に満ちあふれ、高給を得て、プライベートも充実しているようだ。日々のノルマに追われる、旧態依然の営業マンを脱却し、本当の意味で客のために役立つ営業を行うこのポジションまで来れば、仕事はきっと面白くて仕方ないはずである。

本来、不動産を仕事にしよう、極めようと思ったのならば、習得しなければいけない知識や能力は無限にある。兼ね備えたコミュニケーション能力や交渉力も問われるし、誰にでもできる職種ではない。そして、数千万円という金額や資産を預けることになる消費者からすれば、不動産屋とは、そうした鍛えられた人材が手がける、プロフェッショナルな仕事であってほしいはずだ。

しかしこの章で触れた、国や制度の過剰ともいえる「えこひいき」が、常に競争に追われ、疲弊した、ゆがんだ不動産業界を生んでいることも事実なのではなかろうか。

次章では、そんな不動産業界相手にも打ち勝ち、賢く家を売買する方法を読者の皆さんに指南したいと思う。

第３章
最強！「売買」ガイド

買うときにまず考えるべきこととは

「買う」なら「売れ」？

ではここから具体的に、誰にもだまされずに不動産を売買する方法について、考えていこう。

とはいえ、不動産業界の著者が書くような、間違いのない家の選び方やおトクな家の買い方、もしくはどこの地域がオススメか、といった類のものではない。公認会計士という立場である以上、多くは、資産として、財産として、間違いのない売買をするための指南が中心になることは、予めご容赦いただきたい。

この章に書かれたことをきちんと理解していただければ、不動産業界そのものの大きなうねりに乗り、不動産屋からも国からも、誰からもだまされることなく、売買することができるはずだ。それは少々のトクやソン、といったものを生むノウハウなどより、ずっと大きな価値を読者に与えてくれるはずである。

まず不動産を買うことについて考えてみたい。多くの人がマイホームを買う際、住宅ローンを使うことを考えるのではないだろうか。そして、その返済が終わるのは、多くは数十年先になるはずだ。

長い長いその間、転勤が決まって売ることになるかもしれないし、子どもが産まれたり、家族が出て行ったりしたために広すぎる、もしくは狭すぎるといって、別の物件に引っ越すこともあるだろう。もしかすると老後に入居する、高齢者住宅の頭金にするべく、売ることになるかもしれない。

明日のことだって分からないのに、今から数十年先のことなど誰にも正確には予測できないだろう。しかしどのような形であれ、物件を買って手に入れた以上、「売る」ことが後々問題になる可能性が高いはずだ。

いくらで買った家が、一体いくらで売れるのか。そもそも本当に売れるのか。家を売ることは、買うことと同じくらい、いや、それ以上に大変だ。だからこそ、購入前の備えの一つとして「売ること」を常に考えてほしい。

まず、さんざん世間で言われていることで恐縮ながら、全体として日本がこれから先、どのように変わっていくかについて、認識をしておこう。

不動産が将来いくらで売れるか、という問いに対する答えは、実は意外とシンプルだ。その不動産を欲しがる人が多ければ高くなるし、欲しがる人が少ないならば、安くしか売れない。もし、欲しがる人が一人もいなければ、いくら安くしても売れないということになる。

では「これから先に売れるかどうか」という問いについて、もちろん土地の広さや形、立地、建物の良し悪しなどの要因もあるが、最終的には「その家を欲する人がどれくらいいるか」という考えに落ち着く。要は、該当する世代の人口がどうなるか、ということがポイントになる。

第1章で解説したとおりだが、日本全国で見れば、少子高齢化の流れが進んでいるし、人は減っていくし、世帯数も減る。だからこそ、家を新しく欲する人も、今後は減っていくことが容易に予想できる。

供給より重要が減れば、不動産の価格は下がる方向に進む。かつては「土地の価格は上がり続けるから、マイホームを買うことはつまり資産を増やすこと」という、いわゆる「土地神話」があった。これは人口が増えている場合は確かに正しいが、人口が減っていくこれからは当てはまらない。

つまり、今から家を買うなら、売った際に価値が下がることを前提とした購入を考えなければならないということだ。それは従来の、建物や設備が古くなったから価値が下がる、というようなレベルのものではなく、そもそも買う人がいないのだから、土地もろとも価値が下落することを意味する。その認識を持ち、それでも買うかどうか、ということを考えなければならない。

これからの日本人と不動産

さて、日本全国のトレンドでは確かにそうだ。だから「これからは家を買ってはいけない」と断定するのはあまりに早急である。

少子高齢化が進もうとも誰かが欲しがってさえいれば、不動産には価格が付く。だから細かく見ていけば、それこそエリアどころか番地ごとに、違う動きをしている。たとえば人口が減っている自治体がある一方で、増えている自治体も確かにある。図10に示された人口動態は近年のものだが、東京や福岡、沖縄で人口が増えていることが分かる。さらにその東京でも、人口が増えている区と減っている区がある。

将来も価格が下がらない可能性の高い家がどうしても欲しい、という方にアドバイスをするなら、極論を言えば、「東京23区のうち、港区や渋谷区などの人気区で物件を買いなさい」というものになるだろう。将来も高く売りたいのなら、ほかの人の動きを読みながら、これから先も購入希望者が絶えない可能性の高い物件を買うことが一番得策だからだ。

しかし、実はもう一つ別の面で、不動産のこれからを考えた際に大きなインパクトを与えかねない存在がある。それは、若い世代のライフスタイル、特に所有意識の変化である。たとえば現在、ミニマリストと呼ばれる、「なるべくモノを持たないほうがスマート」という考えを持つ若者が増加している。

特に専門家ではないので、詳細は省くが、彼らにとって華美な住居や設備は無用の産物。無駄にお金と時間を使うことを避ける以上、庭があって、高級車の停まる駐車場があって、整備費や管理費を無為に払い続けるような状態は、嫌悪の対象。むしろかっこ悪い。

たとえば今、東京でかつて高級住宅街といわれたところに行くと、無駄にワンブロックが大きく、コンビニも少なく、利便性としては高くない場所も多い。また夜になると、人通りが極端に減って、怖い印象を覚えることもある。

もしそんなところで住人の高齢化が進めば、町の新陳代謝も進まず、商店や飲食店も時代に合うものになかなか変わらないかもしれない。それでいて、もし職場があるようなビジネスエリアから距離があれば、新しい感性を持った日本人が、そこに好んで住みつくとはなか

図10 都道府県別人口増減率

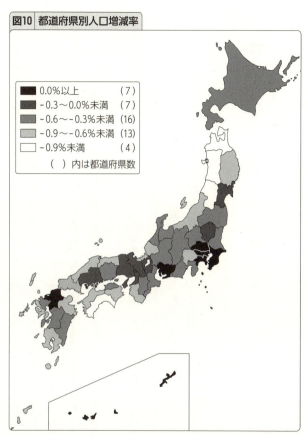

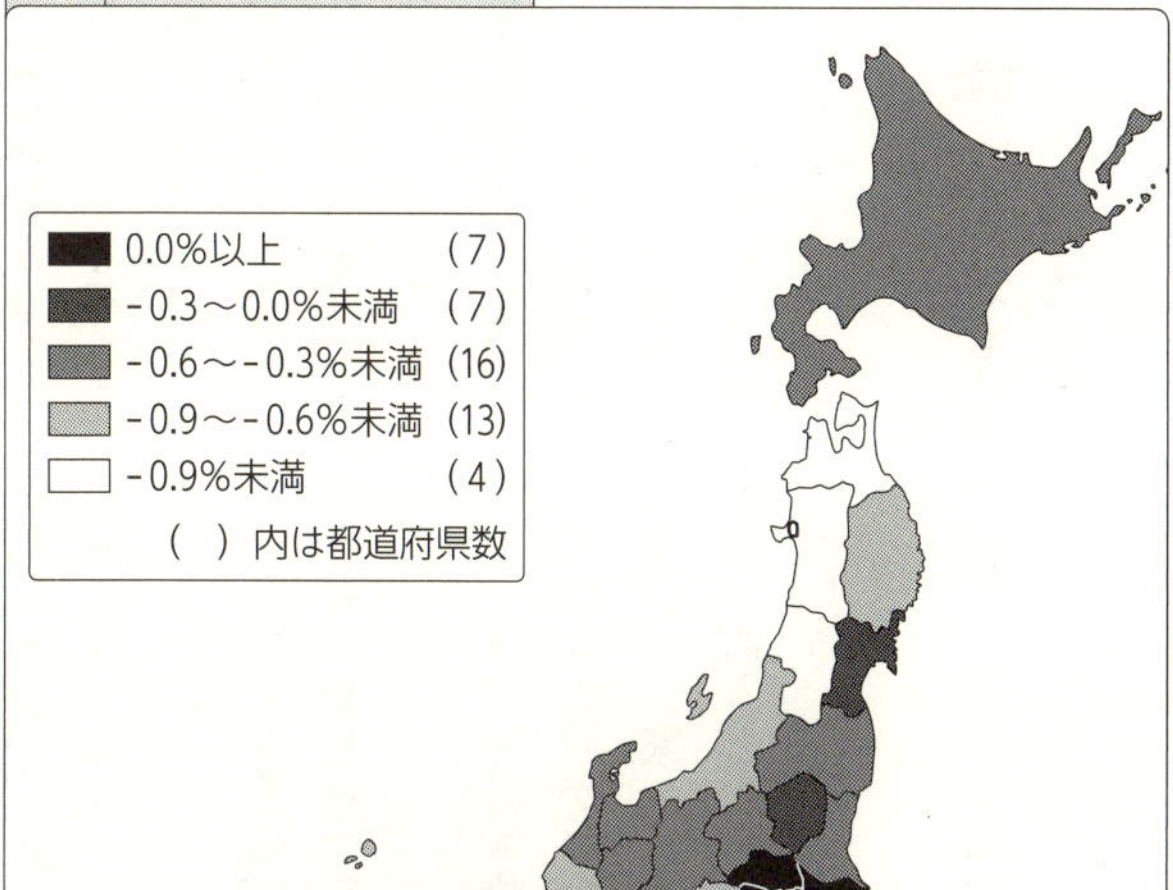

出典：「人口推計（平成26年10月1日現在）」（総務省統計局）

なか想像が付かない。これは私見だが、おそらく彼らは都心から離れた場所で広い家を買うより、狭くとも都心で、自分の身の丈に合った家を望むのではないだろうか。

売ることについての細かいテクニックはこの章の後半に譲る。ただ、これからの時代に家を買おうと思うなら、予め売ることを意識することがますます大事になる。そして売るためには、日本の未来についても考えを巡らせなければならない、という事実だけをここで伝えておく。

資産価値だけを追ってしまえば、過当競争に巻き込まれ、その競争が途切れた後などに、大きく不利益をこうむることにもなりかねない。だからこそ、先述したアドバイスとやや矛盾することになるかもしれないが、家を買うなら、たとえ今現在人が欲しがらなかったり、将来も欲しがらない可能性があろうと、自分にとっては明らかな価値がある物件を探すことも、重要なポイントとなると思う。

次に考えるべきポイントは「貸すこと」

不動産との付き合い方は「売買」だけではない

買うときには必ず売ることを考えるのが大切、と記したが、実は不動産の場合、自分で住むか、売る以外にも選択肢があるのも面白いところ。というのも、家だろうと土地だろうと、不動産は人に貸し、賃料を得ることが認められているからである。

賃貸、つまり不動産投資についてとことん考えれば、それだけで本が一冊できてしまうし、すでに書店にもたくさん並んでいる。なるべく利回りを稼ぐコツ、どんな物件を買えば儲かるか、どこの不動産屋に、もしくは銀行に相談すれば……といった話題はそうした本に譲りたい。ここではあくまで、手に入れた家を、やむを得ない事情で誰かに貸すことになった、というときのポイントを考えたい。

そもそも、あなたが自分で住むために家を手に入れた場合、それを誰かに貸すことはできるだろうか。

もちろんマンションでも貸せるし、戸建、つまり一軒家も貸すことはできる。定期借家契約を結べば、期間を決めて貸すこともできる。もし転勤が決まり、一時的に家を空けることになっても、それが終わって戻ってきたときに、その家を再び自宅にすることも可能だ。自分の物件を賃貸に出す際、特定の免許は今のところ必要がない。

この先も借り手がいるかどうか、という問題については、基本的には買い手がいるかどうか、という先述の話題と同じだ。人口動態や、街の新陳代謝、ライフスタイルの変化などに合致する物件なら、やはり借り手は現れるはずである。

ただし「住宅ローン」や「住宅ローン控除」は適用外

現実として考えれば、貸す際、特に住宅ローンが残っている場合は注意が必要となる。というのも住宅ローンとは、銀行から見れば、所有者本人が住むことを前提としてお金を貸したものだ。国や制度が家の購入を国民へプッシュしていることもあり、かなり割安な利率が設定されている。

反面、最初から賃貸物件のために貸し付ける場合、ローンの利率はもっと高く設定されている。銀行や状況によって、ケースバイケースではあるが、住宅ローンの適用外になれば、基本的に別の利率が適用されることになるはずだ。

特に今は決して小さくない額の税金還付がなされている住宅ローン控除も、賃貸物件では受けることができないことは注意したい。住宅ローン控除のメリットやお得な使い方は次の章で詳述するが、税務署がとても細かくチェックしているので、基本的にその目をかいくぐることは「不可能」と思っておいたほうがいい。

たまに「もし住居を賃貸にまわすことになっても、住民票をそのままにしていれば問題ないですよ」などとうそぶく不動産屋がいるかもしれないが、当然それは非合法。「取り締まりがゆるければOK」という業界特有の考えだから、決して当てにしてはならない。

貸す際の理想は「大家のおばちゃん」

賃貸のコツを少しだけ

購入の話題から、少し話が逸れて恐縮だが、賃貸のコツについて少しだけ記しておきたい。

人に貸すときの管理は、もし物件が自宅から近いのならば、可能な限り不動産屋や業者に頼まず、所有者本人がやったほうがいい。

昔、学生が住むアパートには大概、「大家のおばちゃん」がいた。今でも大学近くの物件などにいるのかもしれないが、彼女たちは、別に不動産屋ではないし、宅建免許を持っているわけでもない、一般の人だ。

大家のおばちゃんは、トイレや洗面所など共用部分の掃除をしたり、電球が切れていないか、壊れている場所はないか、絶えずまわり、物件のケアをする。ときにはドアを叩いて住人の様子を見ながら、家賃の取り立てをしていた。

あなたが物件を貸す場合のポイントも、大きくは一緒。あなたがどれほど主体的に、物件の管理や維持に注力できるか、ということになる。もし管理を業者に任せてしまえば、所有者が途中から、自分で管理やコントロールをすることは難しくなる。

「業者任せ」のトラブル頻発

ここでいう「業者」は、不動産の管理を代行してくれる街の不動産屋である。

「はじめに」で触れたが、不動産屋と一言でいっても、実はさまざまな業種がある。たとえばそれは、家の売買仲介のみ手がける会社、賃貸の仲介だけを手がける会社、不動産をすでに持っている人に対し、賃貸管理の代行業務を提案する会社などである。そして大手でも個人がやっている不動産屋でも、大抵の場合、管理代行業務を行う部隊がいる。賃料の数パーセントを管理報酬として得、不動産オーナーの代わりに家賃回収や物件の見回りをするのだ。賃料の5％でも管理戸数が増えれば不動産屋にとって安定収入になる。仲介業務は成約すると一回の報酬が大きいが波がある。これと並行して管理代行業務をやることで経営が安定するというメリットがあるようだ。

物件を賃貸することになれば、家賃の決定や空室管理なども、あなたがかかわることになる。これは会社経営などと同じであり、少なくない面であなたが知識を得て、技術を磨く必要が出てくる。

それなのに、最初から業者に任せてしまうと、トレーニングをする場を最初から失ううえ、業者のなすがままにもなりかねない。特に最近だと、「家賃永久保証」をうたう会社のもとでアパートを建設し、それが建った後、期待したレベルの家賃収入が入ってこないことなどをめぐり、トラブルが頻発している。

さらに不案内な地主さん相手だと、通帳まで不動産屋が管理していたり、怪しい身元の賃借人に、いつの間にか賃貸されてしまったりするケースもある。そんな状態で不動産屋が「リフォーム会社からバックをもらいたい」と思ったら、オーナーに「大規模修繕が必要です」と言えばいい。こうなってしまえば、大家さんはいつでもお金を引き出せる、ATMのような存在になりはててしまうことだろう。

貸すことは、ときに売ること以上に難しい

ただ住所が遠方地になれば、物件の管理を不動産屋に依頼せざるを得ないケースもあろう。しかし管理してくれる業者や不動産屋を選ぶことは非常に難しい。物件の管理とは、端的に言って、少しサボっても問題になりにくい業務だからである。それでいて管理がずさんなままだと、物件が劣化するスピードが早まり、借りてくれる人も減っていく。

現実として不動産屋に任せた場合、家賃収入の数パーセントを払って管理を頼んだら、月に数回見にいってもらい、必要に応じて備品の交換や掃除などをしてもらえれば、それで御の字ぐらいのところが多い。なるべくなら自分でやったほうがお金も浮くし、その物件への愛着もあるから管理の質も上がるし、断然オススメだ。

もし人が見ていなくてもちゃんと管理してくれる不動産屋があれば、過度にお金を支払う必要まではないが、ときどきお土産を持って足を運んだり、お中元やお歳暮を贈ったりして、人としての付き合いを大事にするべきだろう。借りてくれる人を募集する（客付）業務だけだと利幅は小さく、不動産屋からも軽く扱われがちなので、コミュニケーションを積極的に図って、仲良くなっておきたい。

なお、借り手を募集する行為そのものは免許不要で、誰でもできる。しかし、自らの技術

やネットワークだけでたくさんある物件から、自分の所有する物件を選んでもらうことは、まだまだ難しい。『お部屋探しウチコミ！』（https://uchicomi.com/）のように、インターネットを通じて大家が直接借主を探す流れも生まれているが、人気のある地域の物件でもない限り、まだしばらくは不動産屋に力を借りるべきだろう。

以上のように、貸すことは売ることよりもしなければならないことや注意すべきことが多く、さらにハードルが上がる可能性は高い。その点を踏まえて購入時には、いざというときに貸せるかどうか、そして借りる人がいる物件か、という点も含めて検討を進めるべきなのである。

「物件まわり」が趣味になったころがきっと買いどき

人はどのようにして購入を決意しているのか

ここまでで、買うためには物件そのもの以外にも考えておくべきことが多いことがお分かりいただけたと思う。ここからは筆者なりの、購入についての具体的なテクニックやアドバイスを行っていく。

そもそも、家という、人生でも最大級に大きな買い物を前に、多くの人はこれまでどのようにして決断をしてきたのだろうか。

不動産屋に聞けば「多くても10戸くらい見た後に皆さん決めています。あまり見すぎてしまうと、かえって迷ってしまい、いつまでもたっても買えなくなりますよ」と言って、契約をするように迫ってくるかもしれない。実際、知り合いの不動産屋は客に聞かれればそう答えるようにしているそうだ。

しかし当人が自分の家を買うときには、60戸ほど見て、それでようやく買っていた。なおこの数字は、新築、中古を問わず、実際に現地まで足を運び、内見した数である。不動産サイト上でのチェックや「マイソク」と呼ばれる物件の資料確認を合わせれば、1000戸はゆうに超えている。探しはじめてから買うまで、実に2年間をかけたという。

なぜそれほどたくさん見る必要があったのか、と尋ねれば、彼曰く「それくらい見なければ、本当にいい物件とは出会えないから」とのこと。

プロでさえそうなのだから、一般の消費者なら、2年かけて買うぐらいでは短すぎるのかもしれない。さんざん物件に足を運び、ようやく買ってもいいと思える物件が見つかって、それでも迷って悩んで買うくらいでいい。その位、時間をかけて選んで買ってこそ、人生最大の買い物なのだろう。

しかし「たくさん物件を見てから決める」と言っていたそばから、2件目の内見で購入を決めた知人がいる。彼は不動産屋から「人気のエリアですから、すぐ売れてしまいます」と急かされ、とたんに視野が狭くなったそうだ。

これはよく知られた不動産屋のテクニックの一つで「まだ見ていない家も含めて選ぶ」という当初の広い視点を、「どちらかましなほうを選ぶ」という狭い視点へ、気付かぬ間にすりかえてしまうもの。物件を案内中に予め相談していた別のスタッフから電話をもらい、「今、ほかの方が購入を決めてしまいそうです」と客へ伝える方法は典型である。

このようにして十分な検討の時間や余地を与えられないままに購入へ至るケースはこの知人だけに限らず、よくあることだ。国民生活センターの相談事例でも、「見るだけのつもりで建売住宅のモデルハウスに行ったところ急かされて契約、翌日には手付金を支払わせられた」といった事例が報告されている。

家の購入では誰もが判断を鈍らせる

多くの人は、数十万円ぐらいまでだと、月給などを通じて日常生活で触れる機会もあるからか、その価格が高いのか安いのか、なんとなく把握できるようだ。しかし、不動産ではそうはいかない。数千万円という、それまで日常生活ではなかなか取り扱わない金額をやりとりすることになるし、普段から売り買いを頻繁にする商品ではないし、一言で言って、判断不能へ陥りやすい。

そうなると、人は勘や印象を頼って判断をすることになる。たとえば「安いものは悪いに違いない」という根拠のない印象に基づき、「高いお金を払うほど失敗する可能性が減る」などと考え、少し苦しくとも、当初の考えより背伸びをして物件を選んでしまう。

住宅ローンは、今すぐ払わなければならない類の借金ではないためか、一般的に切迫感がない印象がある。分割された結果、月々の支払額だけを眺め、なんとかなりそうな気がしてしまう。それはクレジットカードを使い、身の丈に合わない洋服や宝飾品を買い込んでしまう、という状況と近いのかもしれない。

不動産のことを深く知るきっかけにする

しかし、物件の内外を見た経験や、そこで蓄積した知識は、数年で古びるものばかりではない。もし将来売ったり、貸したりしなければならない事情が起きた際には、必ず役に立つ。もちろん自宅だけでなく、知人や親から物件の相談を受けたときなどにも大いに役に立つはずだ。

たとえば現在、空き家の急増が問題になっている。平成26年に行われた国土交通省住宅局の実態調査によれば、空家となった家の52・3％は相続によって、子に権利が移った物件だ。相続を機に、不動産を取得することになるも、その取り扱いを考えることを放棄したため、空き家のままで放置されているのだろう。

だからこそ、家に関しては、当然のアドバイスではあるが、なるべく可能な限りに時間をかけて選んでほしい。どのような形にせよ、不動産を手に入れたのであれば、それを放置するのではなく、常に知識を蓄え、いざというとき能動的にアクションが取れるようにしておこう。家探しは、そのよいきっかけになるはずだ。

確かに一度、不動産屋へ問い合わせをしてしまえば、営業活動の電話が鳴り続けるかもしれないし、メールが雨のように降り注いでくる可能性もある。夏や冬に内見をするのも、おっくうかもしれない。

また、第1章で不動産屋をもてあそんではいけない、と記した。しかし強い意志や覚悟が伴うなら、話は別だ。「物件まわりが苦ではなくなった」と気付き、物件を見ながら不動産屋と互角に話をできるようになってはじめて、機が熟し、まさに「決める」タイミングと言えるのではないだろうか。

お抱えFPは「買うこと」しかプランしない

フィナンシャルプランナーという存在について

マンションギャラリーや戸建のモデルハウスに足を運ぶと、フィナンシャルプランナー（FP）による無料相談会がよく開催されている。

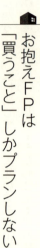

彼らにお願いすれば、あなたが物件を購入してから住宅ローンを払いきり、老後を迎えるところまで、年間のキャッシュフローがどのように推移するかを示した図、いわゆる「ライフプラン」を作ってくれることだろう。

この図に沿って、まだ幼い子どもがいる夫婦なら、「お子さんが高校生、大学生になった

図11　ライフプランの一般図

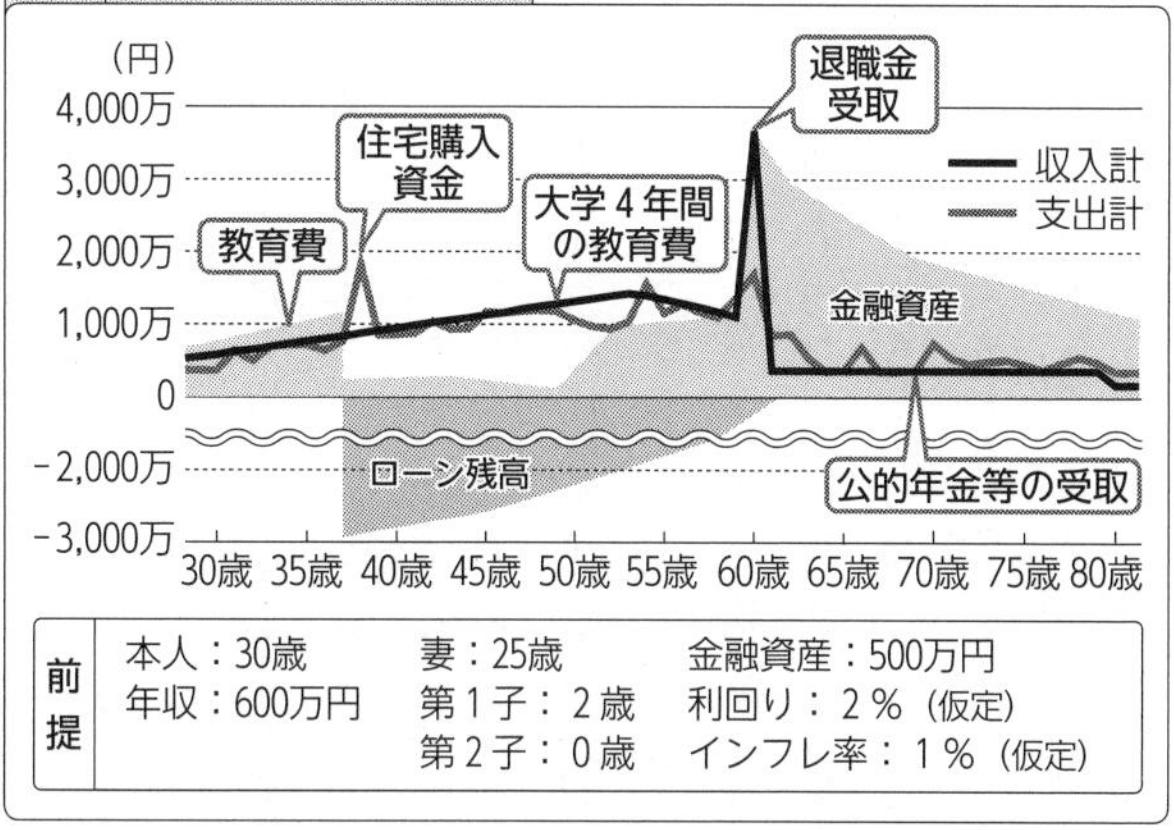

タイミングで教育費が大きくなるので、そのときに備えたほうがいい」といった説明を受けるかもしれない。賃貸で暮らしている人なら、「老後も賃貸だと苦しくなるので、今のうちに家を買って、ローンの返済が早く終わるよう、繰り上げ返済を頑張りましょう」と説明をしてくるかもしれない。

しかし、いずれにせよ彼らの立てるプランの結論は、「家を早く買うこと」になるはずだ。

そもそもFPとは、社会的にはどのような存在なのだろうか。

実はFPとして認められる資格はいくつかあるものの、「資格を持っていないとできない」という独占業務は存在しない。また、公認会計士や弁護士のようにライセンスと密接な関係のある職業ではないので、FPを自称すること自体は誰でもできてしまう。

特に不動産屋のお抱えFPは、家を買う、もしくは検討しているときにだけ、あなたの前に登場する。こうした場合のFPは、もちろん不動産屋に雇われる形で相対しているのだから、マイホーム購入の説得力を増すために登場する。

たとえば、住宅ローンとして最長である35年間のライフプランを、住宅案内場で書いてもらえたとして、家を買うことに不安を覚える人の背中を押す役割はあるかもしれないが、それ以上の意味や価値は残念ながらないだろう。特にこれから少子高齢化が進み、国際化や人工知能による仕事の代替が進む中、「35年間にわたるキャッシュフローの図を作れるか」と尋ねられれば、「作ることは不可能」というほうが現実的な答えだ。

給料が増え、定年まで身分が保障された終身雇用の時代だったなら、確かにライフプランは意味のあるものだっただろうし、多少の見込み違いがあろうと、それで即、キャッシュが回らなくなることもなかっただろう。しかし、給料が現状維持されるかどうかすら怪しく、むしろ減っていきかねないこれから、ローンの支払いを固定化してしまうことで払えなくなるリスクは非常に「高い」と思ったほうがいい。

ローンのリスクについてはのちに詳述するが、それでも現状での結論としては、賃貸で家賃を払い続けるより、買ったほうがトクする可能性は高いので、さらに悩ましさは増す。

ともかくFPや不動産屋のアドバイスを鵜呑みにするのでなく、変化の激しいこれからの時代でも、本当に借金を支払い続けられるだけの能力や見込みを自分が持っているかどうか、ということに、もっと着目すべきだと私は思う。

買いどきはあることにはあるが

不動産関連の講義をしていると、たまに「買いどきを教えてほしい」との要望をいただくことがある。買いどきがあるかどうか、という質問であれば、答えは「ある」となるだろう。

安く買えるとき、それは、どうしても不動産を売らなくてはいけない事情が世間にたくさん生まれ、一方で誰も買おうとはしない、という条件が揃ったタイミングである。言い換えれば、世の中の流れが「売るのは当たり前」となり、誰もが売りたがっているときに、そうした潮流を無視して、一人だけ手を挙げる状況となる。

書くのは簡単だが、そこで手を挙げるのは並みのメンタルでは難しい。具体的なタイミングとしては、大きなマイナスの事象があり、市場が混乱しているときなどになる。

たとえば直近では、08年にリーマン・ショックが起きた際、商業地だろうと住宅地だろうと、不動産は一斉に売りに出された。このときは不景気のあおりを受け、業績が悪い不動産業者も多く、アーバンコーポレイションやモリモト、スルガコーポレーションなど、上場企業の倒産も相次いだ。そして、業績が悪化した会社や経営者一族が所有していた用地が一斉に売りに出たのである。

こうした先が読めない、ネガティブな状況の中なら、買い手も少なくなるし、その時期に手を挙げれば、当然だが割安で買うことができる。また、あまり想像したくはないが、大地震や火山噴火のような災害がもし起きれば、その地区の多くの不動産は一時的に安くなるだろう。ただし、金融機関もそうしたタイミングでは融資を渋る。だからある程度の財力などが必要になるとは思うが。

つまり本当の意味で、買いどきとはそういうタイミングだ。逆に言えば、天変地異が起きたり、大不況が起きたりしない限りは訪れない、ということになる。果たしてそのようなタイミングでも「不動産を買う」という選択を、あなたはすることができるだろうか。また、多くの人は30代から40代くらいの、仕事が落ち着いたり、子どもが産まれたりしたタイミングなどにマイホームを欲するだろうし、市況がどうだろうと買わざるを得ない、という状況に置かれる可能性が高い。そう考えると、真の意味で「買いどき」に偶然重なる人は少ない。

だから、この先も「買いどき」はあるかもしれないけれども、それを待つ、という考え方に賛同はできかねる。

ちなみに16年の今だと、都心を中心に、新築の戸建やマンションなどは値段が上がっている傾向が見られる。それは土地の価値の上昇ということ以上に、東日本大震災後の復興や、開催を控えた東京オリンピックの影響を受けて人件費が上がり、円安傾向のなかで材料費も上がっているからに相違ない。

売りたい人には最適のタイミングかもしれないが、買いたい人は割高で買うことになる可能性が高いタイミングであり、いずれにせよ「買いどき」とは言い難い。

住宅ローンを借りるなら変動金利と固定金利、どっち？

不動産屋が変動金利を勧める理由

住宅ローンには、ざっくり言って、お金を借りている期間中も金利が変わる変動金利、そして設定期間の間は金利が変わらない固定金利の２種類がある。両方をミックスした住宅ローンも出てきているが、どちらをどうするか、その割合を決めることになる。

相談した不動産屋によっては「有無を言わさず」変動金利へ話を進める場合もあるようだ。

特にそれは、民間金融機関と住宅金融支援機構が提携して手がけ、固定金利の代名詞にもなっている「フラット35」の審査などと比べれば、おおむね審査期間が短いこともあり、早く契約をまとめられるからだろう。

また現状では変動金利のほうが、基本的に利息が低く、短期的に見れば支払う額は小さく見える。つまり、最初に用意する頭金へと、より多くのお金を充当することができる。そうすれば、理論上、より高い金額の物件をお客さんに買わせることが可能になるという寸法だ。

懇意にしている金融機関に話をつなげることで「バック」の期待もあるかもしれないし、仲介する不動産屋にとっては変動金利のほうがおいしいことが多い。だからこそ「皆さん変動金利を選ばれます」と言ってくる営業マンが多く、またその言葉に乗る客も多い。

確かに「ゼロ金利政策」の今、利息が低い傾向が続いていることもあり、自発的に変動金利を選ぶ人は多く、ローン利用者の約半数が変動金利を選択しているのが事実だ（「民間住宅ローン利用者の実態調査」、住宅金融支援機構）。

図12　民間住宅ローンの金利タイプ別利用状況

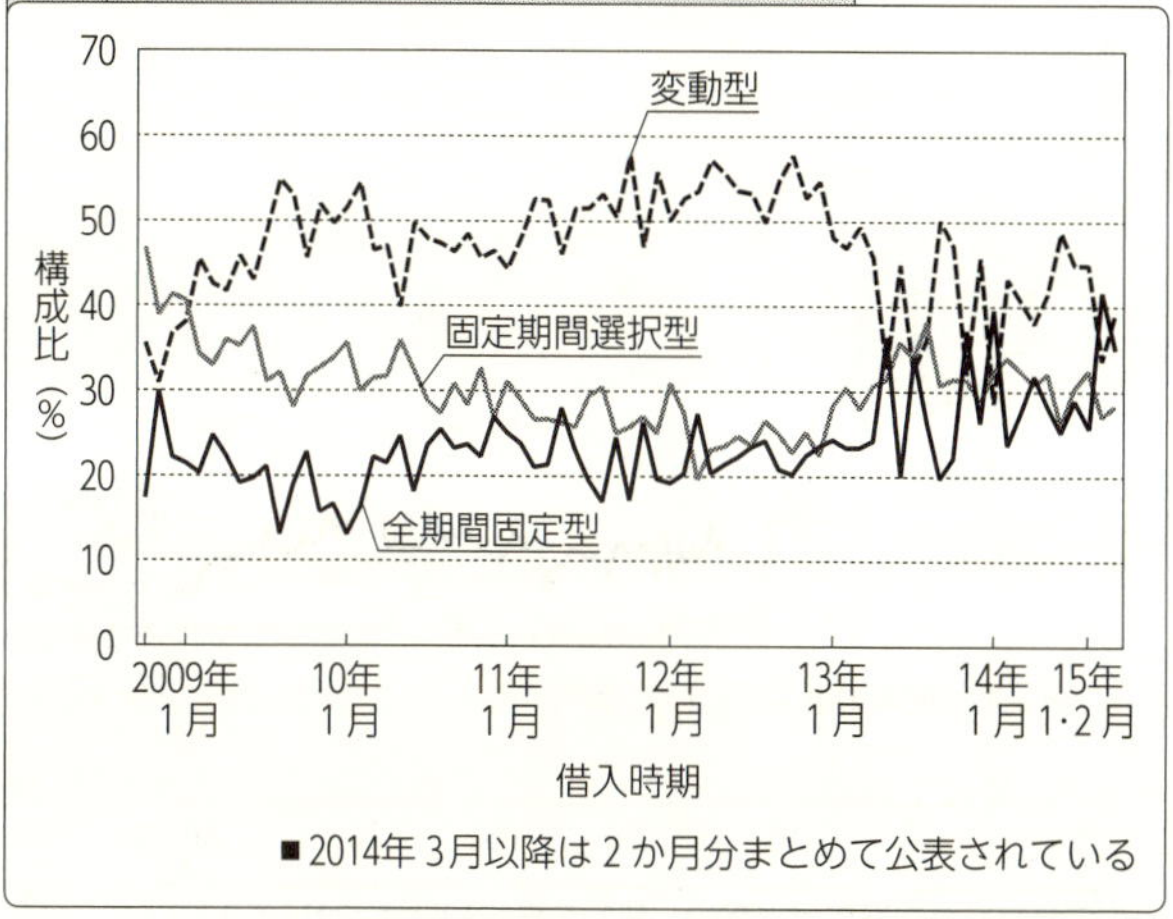

出典：「民間住宅ローン利用者の実態調査」（住宅金融支援機構）より筆者作成

固定金利を使う人が増えている理由

だが、あまりに低い金利が続いたこともあり、その流れは変わりつつある。固定金利を選ぶ人が、変動金利の住宅ローン利用者の数を上回る月が目立つようになってきた。

変動金利は、その将来の返済金額に幅（ボラティリティ）がある。これはつまり「リスクがある」ということだ。

リスクと聞けば、すべてマイナスの意味で捉える方がいるが、そうではない。本来は「結果に幅がある」ことを意味している。だからリスクが高いことで、良い結果が生まれることも、もちろんある。

変動金利のネックは、金利が上昇した

図13 主な住宅ローンの金利推移

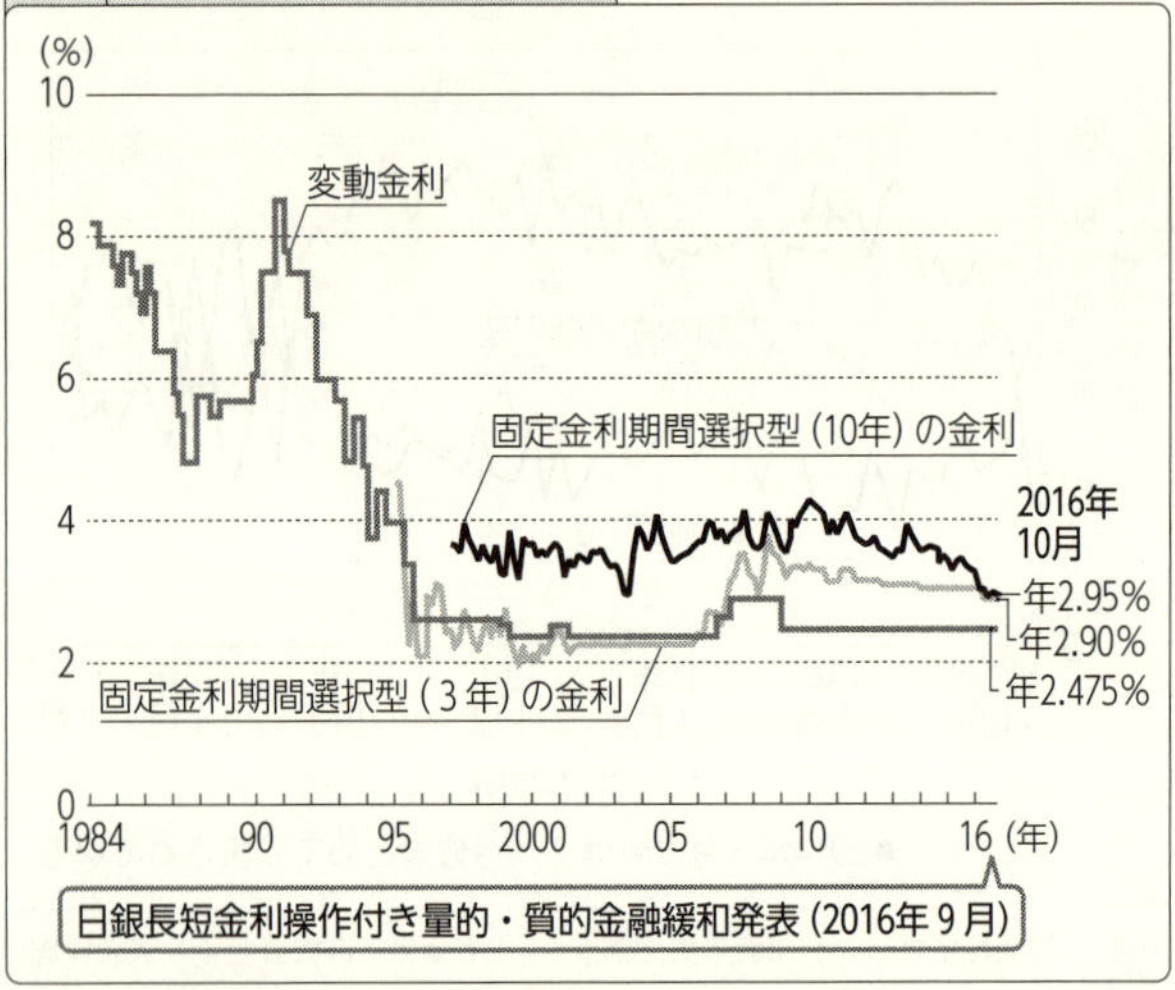

出典：「フラット35」（住宅金融支援機構）ホームページより

際、返済額が増えることにある。目下「金利が低い」という理由で変動金利を選んだ人の多くは、金銭的な余裕があるわけではないだろう。そのため、金利がもし大きく上昇することがあれば、毎月の支払いができなくなる人が続出するリスクを秘めている。

他方、固定金利であれば、期間中の返済金額は一定である。利息は変動金利より高い傾向があろうと、ずっと変わらない。そのため「変動金利よりもリスクは低い」、もしくは先の考え方に従えば「リスクはない」のである。

10年代になって、固定金利が変動金利よりも高いと言えど、実際に銀行と相談して示されることになる適用金利が1％を下回る事態になっている。この金利は、これまでの住宅ローンの歴史を踏まえてみても、圧倒的に低い。

しかもこれは不動産屋や銀行の努力の賜物で生み出されたものではない。日本銀行の政策、つまり国策として、各家庭に眠る財産を吐き出させる目的があって、作られた金利である。

今の金利は確実に「低い」と断言できる

これから先、金利がどうなるかを断言することは私にはできない。しかし絶対的な基準で見て、1％を切った目前の金利は十分に「低い」と断言できる。

あなたが貸す側の立場になって考えてみてほしい。

誰かから「年1％の金利で、途中返済できなくなる可能性はあるけれど、300万円を35年返済で貸して」と言われて、あなたは応じるだろうか。年に3万円の利息をもらえるかもしれないが、残金を取りっぱぐれる可能性が残された状況で何年も我慢しろというのは、客観的に見てメリットが少なく、決しておいしいといえない話ではなかろうか。

だから私の立場から言えば、住宅ローンを借りるなら、なるべく長期間の固定金利を今は勧めたい。フラット35でもいいし、大手銀行や地方銀行が用意したものでもいい。それぞれの金融機関で利率の低い、自分に合った条件のものが出揃っているので、比較検討をして選んでほしい。住宅ローン控除などのサポートも揃った今、ハッキリ言ってどれを使おうと、借りる側にとってトクとしか言いようがない。

なおローンを組む際、団信（団体信用生命保険）があったら必ず入ろう。団信は、これもまた「あり得ない」と言えるほど、借りる側に有利な制度である。借金の返済者が死亡すれば、即その借金は帳消しとなり、残された妻や子どもに引き継がれることはない。それでいて、不動産は残る。

知人の30代の女性に、ご主人が交通事故で突然亡くなった方がいる。

大変に不幸なことではあるが、ご主人の抱えていたすべてのローンに団信が適用されたために、彼女は、マイホームも賃貸アパートも、借金を背負うことなく手に入れて、今では家賃収入だけで十分に豊かな生活を送っている。

ちなみに、不動産は手にしたものの、あまり仲がよくなかったご主人の実家には近づくこともなく、旅行三昧で悠々自適の生活を送っているそうだ。何ともたくましい。

住宅ローンで破綻しやすい「魔の期間」とは

住宅ローンを払えなくなる人の割合

住宅ローンを組むことができても、その後、仕事や健康の問題による収入減などが原因で、月々の支払いができなくなったために家を手放すことになったり、自己破産を選ぶことになったりする人は少なからずいる。

07年の調査論文によれば、具体的な金融機関名は伏せた設例としてだが、破綻する割合は借りる人のうち、０・３％という数字が挙げられている（「住宅ローンのリスク管理〜金融機関におけるリスク管理手法の現状〜」、日本銀行金融機構局）。

大抵は破綻状態に陥る前に、あくまで自発的に家を売却（任意売却）するだろうし、家庭の事情で住宅ローンの支払いをあきらめ、家を売却する人が多い。そうした意味で「破綻」という点で正確な割合を出すことが難しいが、数パーセント程度はいるのではないだろうか。

逆に言えば、ほとんどの人はきちんと住宅ローンを完済している、ということになる。

図14　融資後経過年数とデフォルト率の関係

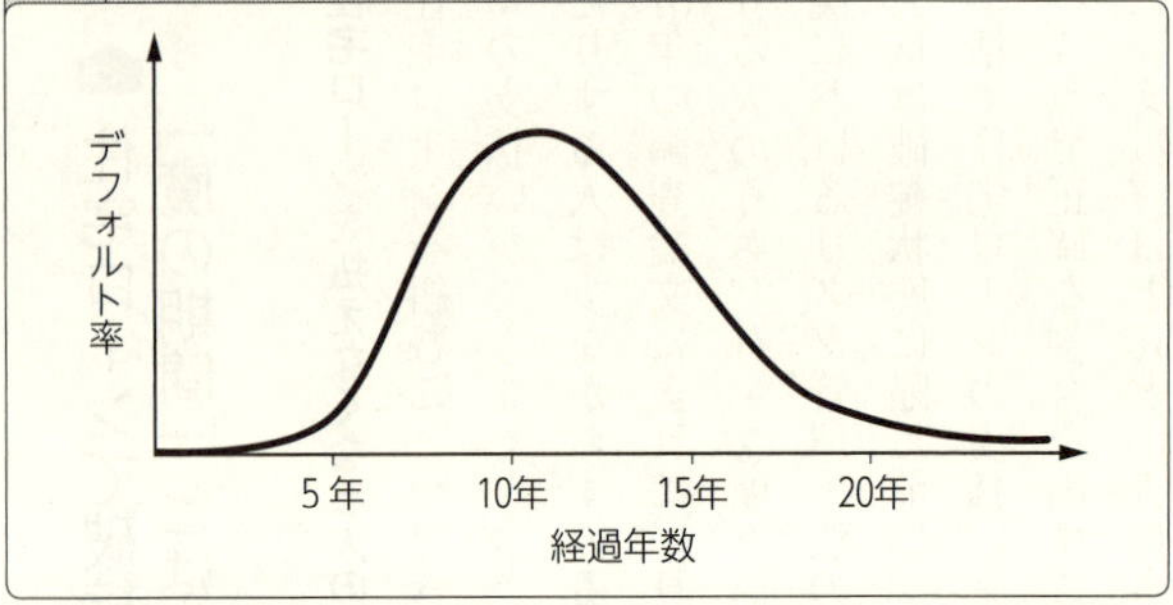

出典：「住宅ローンのリスク管理～金融機関におけるリスク管理手法の現状～」（日本銀行金融機構局）より筆者作成

しかし国土交通省住宅局による13年「住生活総合調査結果」の中に掲載された、住宅ローンを返済している人に返済状況について聞いたアンケートを確認してみると、「生活必需品を切りつめるほど苦しい」が8・8％、「ぜいたくはできないが、何とかやっていける」が55・9％、「ぜいたくを多少がまんしている」が24・9％、「家計にあまり影響がない」が10・3％となっている。この結果からは、6割以上の人が、苦しみながらも頑張って返済していることがよく分かる。

ちなみに、ざっくりとではあるが、住宅ローンで破綻する可能性、いわゆるデフォルト率と、経過年数の関係は図14のとおりとなる。

当然だが、多くの人はローンを組んで、しばらくは返済計画どおり、円滑に返済を進める。短期的には返済計画と収入（外部環境）に大きなズレは生じにくいだろうし、新しく手に入れたマイホームを前に、返済意欲も高いはずだ。

しかし数年経ったころから外部環境、特に収入に変化が生まれ、返済計画どおりにはいかない人が増えていく。古くなる家に対して返済への情熱も次第に失われていくだろうし、無理をして住宅ローンを組んだ人から、破綻状態に陥るケースが増え、デフォルト率が高くなるようだ。ケースバイケースだが不動産業界で、そのピークは10年目だと言われている。

そして10年を過ぎると、デフォルト率はまた下がる。このあたりまで計画どおりに進められてきたような人なら、安定感も高いのだろうか。このころには元本の返済も進んでいるだろうし、見通しも立ち、完済意欲が高くなるのかもしれない。

とにかく住宅ローンの場合、組んで10年目をピークとした前後5年間が最も破綻しやすい「魔の期間」であることが分かる。確実に返済をするためには、この10年を無事にやりすごすことがポイントになるとも言えるだろう。

住宅ローンの「借り換え」について

16年に行われた住宅金融支援機構の「民間住宅ローン借換の追加実態調査」によると、当初、住宅ローンを組んだ金融機関から、別の金融機関などへ途中で借り換えをした人のうち、実に66・0％の人が毎月返済額の減少に成功している。

借り換えを考えるくらいだから、そもそもローン返済の意識が高いだろうが、現実としてそういった人ほど、効率よく払いきる可能性が高くなるようだ。

なお日本では、住宅ローンが払いきれずにマイホームを売却して返済に充てても、残債があればそれはチャラにならない。つまり、家が手元になくとも、残った借金は返済をし続けなければならないのである。

状況をみて、変動金利から固定金利へ借り換える人やその逆、もしくは変動金利と固定金利のミックスを検討する方が増えているようだ。実際、マネー誌などではそういったノウハウがよく特集されている。もちろん、住宅ローンは利息が元本に反映される「複利」で、しかも長期間の借金ということもあり、やり方次第で支払い総額は増減する。

しかし80年代のバブル期などにローンを組んだまま、というのなら話は別だが、低金利となった近年に借りた人が、借り換えるために必要とされる労力と、それで得られる金額の差を考えれば、さほどリターンは期待できないのではなかろうか。そこに多くの労力を割くのなら、普段の仕事や生活を、より多く稼ぐ方向に使ったほうが、ずっとリターンは良くなるはずである。

これから買うなら戸建とマンション、どっち？

庭付き一戸建が「あがり」だった時代

かつて、「庭付き一戸建に住んでこそ一人前」と言われた時代があった。

『日本不動産業史』（橘川武郎・粕谷誠編、名古屋大学出版会）によれば、高度経済成長期には、都市部へ働きに出た者は、まず借家暮らしをし、その所得の増加や家族形態の変化に伴い、持家取得を検討していたようだ。その移り変わりの様子は「住宅すごろく」と呼ばれ、そこでは郊外庭付き一戸建こそが「あがり」であり、マンションはその途中の過程とされ、あくまで一時的に住む場所という認識だった、とある。

しかし都心部の土地は限られているし、基本的には高額だ。だからこそ、人口増加社会においては、郊外庭付き一戸建を求めた結果、都心からその周辺地域へと、スプレッド状に開発が進むことになった。それを強く推し進めたのが、鉄道会社による郊外住宅開発である。

その歴史の始まりは日露戦争直後までさかのぼる。鉄道開発が盛んになると、そのスピードをさらに加速すべく、鉄道会社は沿線上にある郊外の都市化を進めていった。

沿線に住む人が増え、企業や大学、病院などが進出すれば、電車利用が増え、固定的な利用客となる。そこで鉄道会社が自ら資本を出し、沿線の開発へ注力したのである。

たとえば阪神電鉄は1908年1月『郊外生活のすすめ』というポケット判冊子を発行、大阪の人々に配布。この冊子では、大阪の著名な医者たちに「郊外生活がいかに人間の健康によいか」を記述してもらい、郊外の魅力について広報をしている。おおよそこれ以降のタイミングで、郊外に街が広がっていった。

さらに、人口のボリュームが大きい団塊の世代が働き盛りを迎えると、その居住地を求めて、郊外の開発がますます進むことになる。電車さえ通っていれば、職場だろうが学校だろうが、とりあえず通える、という考えのもと、片道1時間以上かかるような郊外に住まいを構え、特急や新幹線で通勤することが「普通」と見なされるようにもなった。

誰も「買わない」家の登場

しかしこれから先、人口が減少しはじめるとどのような変化が起こるだろうか。

都心部はともかく、郊外から間違いなく人が減っていく。人が増えない、いない、ということは不動産も売れない、値段も上がらない、ということである。企業や商業施設も人口の多い都会に移転し、学校も学生を集められなくなるので都会に移転せざるを得ない。移動しない、または移動できないのは、地元に愛着がある高齢者がほとんどとなり、人が集まる要因はさらに減り、負のスパイラルが続いていく。

だからこそ、人口減少が続けば日本中の多くの場所で、特にこれからの郊外において、基本的に不動産の資産価値は減る。ただし、注意すべきなのは、今の時点で金額的に同価値の物件であろうと、都心にあるのと郊外にあるのとでは、まるでその価値が変わることである。

都心と郊外、両方の物件を将来売ることになったとする。売れなければ、やむをえず値を下げて売ろうとするだろう。都心の場合、流出する人がいても、流入してくる人の数も多いため、いつか買い手がつく。つまり「値を下げれば誰かが買う」可能性が高い。しかし、郊外にはそもそも人がいないし、来ない。だから「値を下げても誰も買わない」のだ。

これは自宅のバスタブで魚釣りをするようなもので、魚がいなければ、どんなに長い時間、釣り糸をたらそうと永遠に釣れないのと一緒だ。魚がいないのなら、釣り人の腕や釣具、餌の良し悪しなど、まったく意味はない。

こう書くと当たり前のように感じると思う。しかしこうした認識も、それこそ05年に総務省統計局が国勢調査をもとに、いよいよ「日本の人口が減少局面に入りつつある」と発表したあたりからようやく不動産業界で認識されるようになり、最近になってその傾向がハッキリしてきたことだ。たとえば、30万人規模の住宅都市が生まれることを目指し、1966年から開発を始め、結果としてその半分も人が集まっていない千葉ニュータウン事業の惨状などは、正にそれを象徴したものだろう。

むしろ、それまでの土地というものは、値段を下げればいつか誰かが買ってくれる、という認識のもとでまわっていた。だからこそ、資金援助を受けるために親など、高度経済成長期を過ごした世代のアドバイスを聞かざるを得ない人ほど注意すべきだ。

これから日本が迎える人口減少社会は、誰も経験したことがないものであり、今までのロジックはまったく通用しない。

マンションには追い風が吹いている

相続税改正が都心のマンション人気を高めた

そして近年、マンションにはずっと追い風が吹いている。特に大きなきっかけとなったのは税制の改正である。

15年1月1日以降、相続税の基礎控除が下がり、負担が重くなった。その結果として、相続税対策に郊外の物件を売却し、都心の資産へ組み替える人が増えることになる。

詳しく解説すれば、相続税の計算をする際、建物は固定資産税評価額で計算し、土地は路線価で計算する。固定資産税評価額は時価の50〜70％であり、路線価は時価の70〜80％で設定されている。つまり、路線価で計算される土地にお金をかけるより、固定資産税評価額で計算される建物にお金をかけたほうが、時価との乖離が大きくなる一方、評価額が小さくなり、結果として相続税の節税となる。これがマンション人気に拍車をかけた。

マンションは購入金額のうち、建物の占める割合が6〜7割と大きく、土地の割合は3〜4割と小さい。土地は何百戸という所有者たちで細分化し、共有で持つために持分は小さくなる。

つまり、郊外で広い面積の戸建を持っているより、都心のマンションを持っていたほうが、同じ購入金額でも、一般的に相続税評価が下がるというメリットがあり、住み替える層の創出へとつながっている。

これからの住まい選びのキーワードは「職住近接」

そのうえ、戦後もはや半世紀を過ぎ、あらゆるものが成熟した社会になった。経済成長をこれからもずっと続けていくことは限りなく困難であり、会社を信じて一生を尽くそうと、それに見合ったリターンが得られない可能性が高いことにも皆が気付きはじめた。そうした背景で個人の価値観が多様化し、仕事と生活のバランス、ワーク・ライフ・バランスを重視する姿勢が、社会として明確になってきている。

そうなれば、通勤などにプライベートの時間を割かれることは可能なら避けたい。なるべく職場に近いところに住みたい、プライベートを充実させたい、と考えるほうが自然で、いわゆる「職住近接」の考え方がスタンダードになりつつある。その結果として、立地がどうしても後回しになりがちな戸建の人気が、立地を重視したマンションより下がるのは仕方がないかもしれない。

また、11年3月に起きた東日本大震災のために発生した「エレベーター停止」といったマンションリスクや液状化トラブルを、世間が忘れるタイミングに差しかかったのだろう。12

年くらいから、湾岸エリアの高層マンションの売れ行きが戻りはじめた。

さらに、競争の激しい東京都内のマンションでも、はっきりとした動きがある。それは駅近かどうか、ということである。

そのことをハッキリと示すデータはないのだが、不動産屋から印象を聞くかぎり、マンション自体の設備やクオリティなどより、駅から徒歩10分以内かどうか、極論すれば、5分以内かどうかで売れ行きが大きく変わる事態が生まれているようだ。これはまさに先述した、プライベートに重きを置くライフスタイルの変化の表れに相違ない。新築では駅に直結したマンションも増えており、この傾向は今後も続くはずだ。

なおマンションの一室を買った際、そのマンションが建っている土地も買ったことになるのか、疑問に思われる方がいるかもしれない。

先に少し触れたが、法律で考えれば、「共有」という認識となり、マンションの敷地全体のうち、数パーセントは自分のものになる。しかし、それはあくまで法律上の共有であり、その部分を実際に目で確認することはできない。マンションの敷地内であればどこだろうと、いじるためにはほかの所有者の合意が必要となり、とかくほかの人との関係がついてまわる。

だからマンションの場合、あくまで建物の一室を買ったにすぎない、とシンプルに考えたほうが認識として正しい。所有権が及ぶのは第2章で紹介した「内法」、つまり部屋の内部だけである。

「買う」よりも「売る」ほうがずっと難しい理由

ほとんどの人は「売る」ことに慣れていない

さて、買うときについてのアドバイスはこれで一とおり行った。本章の冒頭で記したとおり、物件を買う以上に、売ることはずっと大変である。それはなぜか。

多くの人は、スーパーやコンビニで毎日のように買い物をしており、値札を見て、お金を出し、モノを「買う」ことには慣れている。しかしネットオークションやフリーマーケットの活況で多少身近になったとはいえ、自分で値段をつけて、誰かに直接モノを「売る」という行為は、会社勤めの場合、それほど経験することではない。

従業員として会社からもらう給料は、確かに労働力と時間を会社に対して売った、その代償である。しかしその価格について労働組合などを通じて交渉することはあるだろうが、

「自分の翌月の給料はここまで上げてほしい」などと、毎回交渉するわけではないだろう。

具体的に売るものに対して値段を決める、いわゆる「値付け」の意味を考えてみれば、自分が所有しているモノ（商品）や作ったモノ（製品）、サービス（役務提供）を客観的に眺めて、「ほかの人がいくらなら買うか」ということと「このぐらいのお金が欲しい」というバランスを取る行為になる。簡単に言えば、値付けとは「私が売るモノの価値はこの金額だと信じている」と、大声で社会に向けて叫ぶような行為だ。バランスを誤れば見向きもされない。

また、土地を売ることが「恥ずかしい」と考える文化が根強く残っている、ということもある。

引き継いだ不動産を売ることは、ご先祖様に顔向けできない「恥」であり、不動産を売ることは、所有者がそれを維持する能力を「なくした」ということを周囲に知らしめることとイコールだったのだろう。かつて土地は先祖代々の墓と同様に見られ、使っていないものだろうと、とにかく守り続ける対象だった。地主から不動産の相談を受けるたび、今でもこうした考え方が残っていることを強く感じるが、だからこそ、日本人は不動産を売ることに対して消極的なのだろう。

だが人口減少や制度変更により、すでに状況は変わった。本当に不要な土地なら、手放すことも頭に入れておかなければ、その存在が、ほかの資産まで毀損しかねない状況にある。その事実は必ず念頭に置いておこう。

売れないときにする判断の誤り

重要なのは、売れないときにどう対処するか、ということである。

消費者として「買う」感覚と経験しかないと、十中八九、「値段が高いせいだ」と考えて、価格を下げる。下げているうちに売れるかもしれないが、これは売主である自分が欲しいと考えていたお金を、自ら減らす行為でもある。

実は一般的な商品のマーケティングを考えれば、売れないからといって、それだけですぐに商品の値段を下げるのは愚策である。

生き残ることができている会社は、価格を下げず（むしろ上げても）、どうすれば客が買ってくれるのか、商品の質の向上や売り方の改良のほうにまず取り組む。価格を下げてしまえば、一時的に客が来てくれるかもしれないが、利益も下がり、二度と値段を元に戻すことができなくなることが分かっているからだ。

翻って、あなたがマイホームを売る状況を考えてみよう。マイホームを売り出して、希望の金額ですぐに売れればいいが、内覧の数が少なく、売れる様子もないと、不動産屋は「値段を下げましょう」と言ってくるはずだ。

すでに記したとおりだが、双方代理ができる現状では、不動産屋にとって「高く売る」ために労力を割くのはさほど価値がない。むしろ、「両手」によって手ごろな値段でまとまるほうがメリットは多い。あえて物件を放っておくことで売主を焦らせ、思いどおりに操る「干し」というテクニックもあるくらいだ。

だから、何よりこの局面で大事なのは、当初の希望金額で売るため、あなたや不動産屋が全力を尽くしたかどうか、あらためてチェックすることである。

広告はどれくらいの規模、何に打ったのか。それでどれくらいの反響が得られたのか。広告を打った後は、どんな営業活動を行ったのか。つまり物件を高く売るためにやれることはやったのか、という確認をすべきだ。

言い訳をさせない理論武装を

心ない不動産屋だと、物件が持ち込まれた最初の段階から、売れなかったときの言い訳を画策している。

たとえ駅から3分という好条件であろうと、そうした長所より、「築年数が古い」「土地の形がちょっと」「このエリア自体の人気が下がっていて」と欠点を見出し、売主にしっかり認識させる。そして最後に「でも全力でやらせていただきます」と締めるが、こうしたやりとりの多くは、将来値段を下げる局面になっても、売主を同意させるための下準備だ。売る相手にそうした欠点は決して言わないのに、である。

欠点ばかりを最初から突いてくる不動産屋なら、そもそもの相談をしないほうが賢明かもしれない。しかしどうしても依頼をするのであれば、「物件の長所はどこか」ということを最初の面談の時点からしっかり共有すべきだ。そのうえで、付近の類似した物件の過去の相場を知り、値付けをきちんと行い、理論武装に励もう。

正確な売買記録は「レインズ」の壁に阻まれて分からなくとも、インターネットの物件サイトを見れば、似たような家がどれくらいで売られているのかを把握できるはずだ。

それでも責任逃れの逃げ口上を会話に挟んでくるようなら、「あなたは私が仕事を任せた代理人である。言い訳せずにこの値段で売ってくれ」と、オブラートに包まず、はっきりと伝えたほうがいい。

値下げとは、死力を尽くした後の、最後の手段と考えるべきである。

とにかく売った瞬間に資産価値は「激減」する

不動産と税金の考え方

不動産は景気のあおりを受け、その価値が上がったり下がったりする。たとえば土地の価値については、毎年1月1日時点における標準地（平成28年は全国2万5270地点で調査が行われた）での更地1㎡あたりの正常な価格を、毎年3月に国土交通省が「公示地価」として発表する。この価格が一般的な土地取引の指標となり、過去の推移を見れば、平成3年くらいをピークに、この指標が下がり基調になっていることが分かる。

同じ土地に住み続けるなら、世間から見た地価が上がろうが下がろうが、関係ない。維持するために必要な費用である固定資産税と都市計画税も、地価の変動程度ではゆるやかにしか変わらないので、地価が上がったからといって、さほど喜ぶ必要もないし、下がって悲しむ必要もないだろう。

しかし土地を売却したとき、利益が出たなら、資産価値の上昇分に対して税金がかかる。これはつまり、譲渡所得税・住民税である。税務署から言わせれば「儲かったなら、そこには税金を負担する力（担税力）がある。だから税金を支払う義務がある」という理屈になる。もし先祖が当時、1000円で買った土地があったとする。それが今現在、1億円で売れたのであれば、当然その差額に対し、所得税・住民税を合わせた税率、20・315％をかけた税金を払う義務が生まれる（概算取得費などを考慮していない）。

この場合、2000万円あまりの税金を支払わなければならない、ということになる。

税金と手数料を軽視すると資産は「激減」する

公認会計士として伝えたいポイントは、この2000万円にもなる税金は、売ったことではじめて生まれた、という点だ。いくら地価が上がろうと、売らない限り税金は課されない。つまり毎年の時価を評価し、評価益に課税するような類のものではない、ということである。

さきほどの場合、売却すれば、不動産仲介手数料として、上限いっぱいなら330万円を支払うことになる。そして国と地方が2000万円の税金を持っていくため、この時点で手残りは7670万円程度まで減っている。司法書士費用や税理士費用、土地家屋調査士の測量費、印紙代まで考えれば、本当の手残りは7500万円ほどになるだろうか。

つまり、1億円という希望の相場どおりに売れたとしても、その価値の25％程度は失われてしまうことになる。それなのに、もし「高いままだと売れない。値下げを」と不動産屋に言いくるめられ、1億円の価値がある物件を7000万円で売ってしまったのなら、手残りは約5250万円という計算になる。1億円の価値がある不動産なのに、現金に変えた時点で半分の価値になるということだ。

資産家と話すと、高額の不動産を売ったはずなのに、得た金額としてはいつのまにか半減していた、という話を頻繁に耳にする。よくよく聞くと、多くは税金と手数料が課せられたためであり、その二つを軽視したために、多くの財産が失われる状況が後を絶たない。そこで次章ではそうならないために、最低限の税金のノウハウを伝授したい。

なお、価値や人気のある土地、たとえば都心や駅に近い土地は、一度売却して開発されてしまえば、お金をいくら積もうが、二度と手に入らない場合が多い。だからこそ、いくら「売りどき」だと言われても、維持費を負担できる限り、または何か売らなければならない事情でもない限り、簡単に心を躍らすべきではない、と私は考えている。

第４章

最強！
「節税」ガイド

絶対知っておくべきは「住宅ローン控除」

大人気の「住宅ローン控除」とは

不動産を買うにしても、売るにしても、ついてまわるのが税金だ。しかも、不動産の場合、予めその仕組みを知り、自分に有利な制度を活用したかどうかで、国から請求される金額は大きく異なってくる。そこで、読者にとってメリットとなる可能性の高い税金の制度について、以下に紹介をしていきたい。

まず、なんといっても知っておくべき制度は「住宅ローン控除」だ。条件に合致した状況で物件を購入した場合、住宅ローンの毎年の年末残高の1%相当額を、所得税（住民税）からそのまま引くことができるという、購入者におトクな制度として広く知られる。

なお、これから物件を買うなら絶対に利用してほしい、ということが私の主張であり、条件などは国税庁のホームページを確認したり、銀行に聞いたりしていただければ、より詳しく知ることができると思う。ここでは簡単にその概要と気をつけてほしいポイント、そしておトクな活用法についてのみを解説したい。

　前提として、控除の対象となる「所得税」がどのようにして計算されるか確認しよう。たとえば会社員の場合、年間の給料収入から「給与所得控除」という、いわば経費が引かれてまず給与所得が弾き出される。そこから基礎控除、配偶者控除などの「所得控除」が引かれ、税率を掛け、税金の総額がいくらになるか、計算される。

　ややこしいこの一連の計算は多くの会社で「年末調整」という手続きの中で計算してくれる。そのため会社員なら、年収が２０００万円を超えるなどの特別な事情がない限り、もしくは税金の控除を受けたいという特段の理由がない限り、自ら確定申告をする必要はない。

　しかし会社員でも節税意識の高い人だと、たとえば病院や薬局で生じたレシートを集めて自ら確定申告を行い、「医療費控除」を受ける人がいる。そして控除の中でも今、特に節税効果が大きいのが「住宅ローン控除」なのである。

　医療費控除の場合、あくまで税率を掛けるまえの所得から控除する「所得控除」だ。だから実際の節税額は、税率分までさらに小さくなる。他方、住宅ローン控除は「税額控除」。税額からまるまる引かれ、そのまま節税となる。

なぜ「住宅ローン控除」が認められているのか

しかし単純に国の立場で考えてみれば、税収が少なくなるのに、なぜ家を買う人にとって、これほどメリットの大きな制度を用意しているのか。それは住宅の購入自体が、大きな経済効果をもたらすからである。

家が一軒建てば、住宅メーカーだけでなく、付随する電気・ガス・水道・運送・金融など、あらゆる業界が潤う。業界が儲かれば法人税収が増えるし、従業員の給料も増えて所得税収が多くなる。そうした結果で税収が増えれば、それで良しというわけなのだろう。

なお、条件を満たした住宅を取得した場合、この控除のほかにも、登録免許税や不動産取得税において軽減措置がある。さらに買った後に毎年かかる固定資産税も、新築の建物であれば最初の5年間（または3年間）、認定長期優良住宅なら7年間（または5年間）は半額、といった制度も用意されている。まさに大盤振る舞いだ。

ここまで読んで「住宅ローン控除で借金した額の1％が戻るなら、目一杯に借金をしよう」と考える人がいるかもしれない。しかし上限が定められており、2016年度現在の制度であれば、通常の住宅なら、年末のローン残高として4000万円までとされている。ゆえに理論上、その最大値は年間40万円となる。

住みはじめてから10年適用できるので、控除額は最大で400万円。認定住宅だと控除される金額はさらに上がり、最大で500万円にもなる。

住宅ローン控除を受ける場合、最初の年度だけ、自分で確定申告をする必要がある。住みはじめた年の翌年、確定申告シーズンに所轄の税務署に足を運んだり、またはインターネット上の申告システム、「e－Tax」を通じたりして、申告しなければならない。

これまで確定申告をしたことがないし不安、という方も多いと思うが、それほど複雑なものでもないし、各地の税務署で事前に相談する機会が用意されているので、確認してほしい。そしてもしあなたが会社員の場合、控除2年目からは、通常の年末調整手続きの中でやってもらえるのでご安心を。

知らなきゃソンする「住宅ローン控除」のテクニック

住宅ローンを分ければ、住宅ローン控除も分けられる

次に、その「住宅ローン控除」の賢い使い方を伝授したい。

そもそも住宅ローンの上限金額は一家族としてではなく、ローンを背負う一個人の職業や状況に応じて計算されるので「住宅ローン控除」もローンを組んだ個人を対象として、計算されることになる。つまり夫婦共働きなどで、もし家族の数名が住宅ローンを分担して背負い、所得税を払っていれば、工夫の余地が生まれることになる。

たとえば8000万円の物件を買い、住宅ローンの支払いを夫婦で半分に分けて組めば、それぞれが4000万円分の借金に応じた控除を受けられることになる。

夫だけが住宅ローンを背負った場合、1年間に払っている所得税、住民税の税金総額が「住宅ローン控除」の対象となる金額より小さくなってしまうことがある。このような場合、もし妻が働いていて住宅ローンを返す力があるのなら、その一部を背負ってもらい、夫婦二人でフルに控除を受ける、という方法が賢いだろう。

ともあれ住宅ローンを前提にして家を買うのなら、事前に源泉徴収票をしっかり確認し、どういった控除パターンが自分の家族には合うのか、きちんと検討をしておこう。

また、こちらも先述したことだが、住宅ローンを支払っている最中に別の家に住むことになった際、「住民票を形だけ残しておけば、引き続き『住宅ローン控除』を使えますよ」とアドバイスしてくる不動産屋がいるかも、と記したが、住民票は参考資料の一つにすぎない。

税金はあくまで実態に合わせて判断される。自宅として、本当に住んでいるかどうか、という状況を鑑みて判断されるので注意されたい。

住宅ローン控除を考えるなら知っておきたい制度

節税ではないが、「住宅ローン控除」を検討する人なら知っておきたい制度として「すまい給付金」がある。控除制度は収入が低い人、税金の額が低い人だと効果が小さくなる性質があるため、そういった人を対象に現金が給付されている。こちらは、すまい給付金事務局に申請すれば、収入に応じ、最大30万円を受け取ることができる。住宅ローン控除との併用ももちろんできるので、ぜひ活用しよう。

また最近では、平成28年10月11日、国土交通省による「住宅ストック循環支援事業」の実施が決まった。その中の一つとして、40歳未満が既存物件（中古物件）をマイホームとして購入した際、建物の現況調査（インスペクション）費用や省エネ性能を向上させるリフォーム（エコリフォーム）費用を、国が一部補助してくれる制度ができた。一戸あたり50万円、耐震工事を行う場合は65万円が限度額となる。

この制度は消費者自身ではなく、売主である不動産屋やインスペクション業者などが申請手続きを行うものなので、購入予定の物件が対象となるかは直接確認してほしい。そのほか、持ち家に対するエコリフォームや一定の省エネ性能を有するエコ住宅への建替えについても、補助金制度が用意されている。「住宅ローン控除」と一緒に、必ずチェックしておきたい。

賢い「借金」もきっとある

現金をたくさん持っていて、住宅ローンを組む必要がないような富んだ状況にあっても、わざわざ「住宅ローン控除」を受けるための額だけ借金し、節税を試みる人がいる。この場合、「住宅ローン控除」が終わる10年を過ぎた11年目、残っているローンを一括で返済することが多いようだ。

というのも、この本を書いている16年現在、住宅ローンの利率があまりに低いため、団信を加えた金利でも1%を切る事態が生まれている。つまり、住宅ローンの金利と、住宅ローン控除額とを比較したとき、逆ザヤが発生する（つまり儲かる）可能性まで出ているのだ。

もちろん住宅ローンも借金である以上、積極的に借りることを勧めたりはしない。しかし手元にある現金は、トラブルが起きた際に、とても心強い存在だ。お金さえあればとりあえず多くのものが手に入る。つまりキャッシュ・イズ・キングである。

一方、病気や災害などをきっかけとして現金が必要になる状況が生まれても、そんなときほど銀行はお金を貸ししぶるだろうし、不動産もすぐに現金化できるとは限らない。資産はあっても、手元にお金がないために毎日の生活に困るようにもなりかねない。

現実としてそのような状況があり、低金利が続く以上、手元資金ですぐに支払える状況にあろうと特段の事情もないならとりあえず借りておく、という選択をするのはおそらく賢い。「借金」と聞くだけで毛嫌いする人もいるにはいる。しかしそれは細菌と聞くと、そのすべてを滅菌しようとするようなものだ。細菌には、もちろん病気をもたらす悪性の細菌もあるが、健康を支える良性の細菌もある。いずれも使い方や、考え方次第なのではないだろうか。

資金援助はこう受けろ

課税されない資金援助方法

若い夫婦が家を買うときなど、資金が乏しいし、親から援助を受けよう、などと考えることが想定される。しかし単純にお金をやりとりしてしまえば、それは贈与。当然、課税対象になる。

たとえば父親から、住宅購入資金として2000万円を息子に渡したなら、もらった息子が払わなければならない贈与税はいくらか。贈与を受けた息子が20歳以上で、基礎控除110万円を控除して計算した場合、16年現在の税制で計算すれば、なんとおよそ585万円になってしまった。

もちろん、潤沢な資産がある家庭だったり、少ない額の援助で十分だったりするのなら、こうした贈与をしてもいいのかもしれない。しかし、少しでも節税したいと考えるなら、以下のいずれかの手段を取ることを私はオススメする。

Ⓐ援助分だけ不動産を親の持ち分にする方法

たとえば「4000万円の家を買うのに際して2000万円の援助を受けたい」場合、所有権の1／2を父親、残り1／2を本人に分ける。そうすれば父親が単純に2000万円を支払って所有権を持つことになるから、贈与と見なされない。

この場合、もし父親が亡くなると、父親が持っていた1／2の持ち分は相続財産となる。そのため、ほかの兄弟にも受け取る権利が生じたり、共有になったりする可能性がある。そうなれば面倒なので、父親が元気なうちに公正証書遺言を通じ、希望する当人に相続されるよう、予め書いてもらったほうがよいだろう。

公証役場に出向き、実際に公正証書遺言を書く人は、増えてきてはいるものの、それでも全体から見れば少数派のようだ。その理由として、遺言を残すために10〜20万円程度の費用がかかるし、多くの人は「自分はまだ死なない」と考えるからだと思われる。しかし認知症などになり、意思能力に疑いがある、と判断されれば、遺言として認められなくなる可能性がある。だからこそ真剣に考えておくべき問題だろう。

なお不動産の持ち分は、実際に誰がお金を払ったか、という事実によって決まるので、税務署に対して申告などの手続きはない。家を買う際、登記の代理を行う司法書士に持ち分について告げればそれで済む。また「新居に実際に住んでない父親が1／2の持ち分を持っているのだから、父親に1／2分の家賃を毎月払うべきでは」と心配する人がいるが、親子関係という事実があるのなら、現状の制度下では払う必要はない。

Ⓑ贈与でなく借りたことにする方法

この方法を簡単に言うと、購入資金を「あげる・もらう」の関係ではなく、「貸す・借りる」という関係にする、ということだ。

現実として、「借りっぱなしで返却する意思がない」と税務署から見なされれば、贈与扱いされる。そのため、最初に返済予定表を作り、親と自分の銀行口座間で返済履歴を残しておくことが肝要だ。さらに貸借関係なのだから、住宅ローンと同様、利息を付ける必要もある。利息は現状に合わせ、たとえば今なら1％ほど付けておけばいいだろう。

ちなみに贈与税には基礎控除があり、人からもらうことがあっても、年間110万円までなら贈与税を払わなくてもいいという制度がある。たまにこの制度を挙げて、「親への借金返済と贈与税の控除を相殺している」と主張する方がいる。

事実としてそうかもしれないが、客観的に見れば、言い訳と取られてもおかしくはないし、あまりオススメはできない。もしこの制度を併用するなら、まず毎月の借金返済の筋道をつけたうえ、別の通帳などを使って贈与の流れが分かるよう、ハッキリ分けたほうがいいだろう。

Ⓒ贈与税の特例を使う方法

そのほか贈与税について、現状の制度下で特例がいくつか用意されている。

代表的なのは、住宅取得等資金の非課税制度。これは、20歳以上といった条件をクリアした人が取得した住宅が良質な家屋と認められれば、最大で1200万円まで（その他の家屋は700万円まで）の住宅資金援助について課税されずに、親や祖父母から贈与を受けることができる制度。つまり1200万円に対し、本来生ずる贈与税、246万円を払わずに済むことになる。

先述した毎年の110万円基礎控除と併用できる制度であり、特にデメリットがないものなので、資金援助を検討する際、よく用いられる方法の一つだ。

また、相続時精算課税制度を使えば、贈与税を払うことなく、2500万円まで親や祖父母から資金援助を受けることができる。しかし名称のとおり、たとえば親が亡くなったとき（相続時）に相続税を結局払うことになるし、厳密な意味では節税と言えない。

では節税にならない制度を一体誰が使うのか、と疑問に思われたかもしれない。金融機関から借金しなくてもいい、という意味でのメリットがあるかもしれないが、それ以上に、財産がさほど多くはなく、相続税がそもそもかからない関係にある親と子であれば大いにメリットがあるだろう。親も自分が生きている間に、財産を子へ移転できれば、喜ぶ顔が見られるし、あげた甲斐もあるに違いない。

なお相続時精算課税制度には、私から見れば致命的とも言えるデメリットがあるが、意外と知られていないので注意をしたい。それは、先の110万円基礎控除を、その親からの贈与について、今後一切使うことができなくなってしまうことである。110万円基礎控除も、20年続けば2200万円。どちらにメリットがあるか、よくよく考えたいところだ。

「おしどり贈与」について

最後に例外として、親から子ではなく夫から妻となるが、贈与税の配偶者控除の特例、いわゆる「おしどり贈与」の存在についても記しておきたい。

婚姻期間20年以上という条件が付くが、2000万円分（毎年の基礎控除110万円を合わせれば2110万円分）まで、マイホーム購入資金かマイホームの持ち分を、夫か妻から、相手へ渡すことができる。もし妻が贈与を受けた場合、妻のほうで贈与税はかからないことになる。

この贈与に価値が見出されるのは、たとえば親子関係があまりうまくいっていないような家庭かもしれない。相続が発生した際、子どもとの間にトラブルが予想される場合などがそれだ。万が一、夫が亡くなったときに備えて妻が家の持ち分を持っておけば、法的に安心して家に暮らし続けることができる。

なお、いずれの制度を使った場合でも、贈与をした年の翌年に贈与税の確定申告をすることになるのはお忘れなきよう。基礎控除の１１０万円以内の贈与のみなら、確定申告は不要となる。

不動産を売るときの税金について

利益が出れば税金が発生する

次にマイホームを売るときの税金の制度について見ていこう。

売却金額から取得費（買ったときの金額）と譲渡費用（仲介手数料など）を引き、残額が利益となる。そしてこの利益に対して、税金がかかる。利益が出れば、売却した翌年の2、3月に確定申告が必要となり、利益が出なければ確定申告は不要だ。

現状、利益が出たかどうかを判断する計算は、すべて納税者に委ねられている。そのことに違和感を覚える人もいるだろう。中には「利益が出ていないと主張すれば、税金を払わなくていい」と考える人もいるようで、大いに問題だ。

　そもそも所得税における「申告納税制度」というのは納税者が自ら税金計算して申告するという、ある種の「性善説」に信頼を置いた制度である。もちろん計算が間違っていたら（もしくは虚偽の申請をすれば）罰金を科す、という仕組みであり、これは不動産売却の税金に限った話ではない。

　税率だが、売却した年の1月1日時点で5年超所有した不動産を売ると、その利益に対する税率は20・315％（所得税・復興特別所得税・住民税の合計）である。給与所得のように、得た所得が高ければ高いほど税率が上がるという、累進課税制度は採用していない。その代わり、売却した年の1月1日時点で所有期間が5年以内の場合には、39・63％という非常に高い税率が設定されている。これは短期売買を抑制することで不動産価格の高騰、つまりバブルを起こすのを防ぐためだ。

　さらに、売却した年の1月1日時点で所有期間が10年超のマイホームを売却した場合には、14・21％というおトクな税率が適用されることは知っておきたい。

　外国の在住者、つまり「非居住者」が、日本にある不動産を売ったときには、さらに手厳しい。売却時点で利益が出ていようが、ソンが出ていようが、問答無用で売買金額のうちの

10・21％（細かい要件は除く。源泉徴収したうえでの額）を税務署に納めなければならない。これは税金の取りっぱぐれをなくすためのもので、売主は翌年の確定申告で正しい税額を精算すればよいという考え方に基づいている。

建物の価値と土地の価値は分けなければならない

売却時の税金の話題に戻ろう。取得費は、土地に関しては買ったときの金額だが、建物に関しては「減価償却」といって、ときの経過とともに価値を減らしていった、その残りの金額で試算される。

木造のマイホームの場合、現行制度では33年（償却率0・031）という期間のなかで、ゆっくり価値が減っていくと仮定を置いて計算される。鉄筋コンクリートなら70年（償却率0・015）だ。たとえば、新築時に3000万円の価値があった木造の家を15年後に売った場合、取得費は次のように計算される。

- 建物金額3000万円－（3000万円×0・9×償却率0・031×15年）＝1744万5000円

ちなみに、この減価償却計算は税金計算上のみの話。売買金額もこれに従わなければいけないということは一切ない。税金上の金額は1744万5000円でも、お互いが面識のない第三者同士の取引なら、売買金額は100万円にしても、5000万円でもかまわない。

近年の中古住宅の売買を見る限り、建物金額がこの減価償却計算にやや縛られすぎの感もある。築34年を過ぎた木造建築だから税金上では0円と評価されても、現実として人が住めないわけではない。実際、首都圏のレインズのデータによれば08年以降の賃貸契約のうち、約25%が築30年以上とされている。そうした実体を考えても、建物の利用価値をもう少し考え、その金額を決めるべきだと私は思う。

なおこの計算で、土地代金分を建物代金に含めてしまう人がいる。5000万円の価値があるマンションなら「土地の価値2000万円と建物の価値3000万円」などと、まず分けなければならない。そのために購入時の契約書を探し、そこで土地代金と建物代金がいくらだったか確認する必要が出てくる。

もしその時点で分かれていなければ、消費税の金額から割り戻して建物代金を出したり、「標準建築価額表」を用いたりして建物代金を算出しなければならない。それから全体の金額から、その建物代金を引き、残りを土地代金とすることになる。

買ったときの契約書がないと大変！

買ったときの契約書をなくしている人は現実として、とても多い。相続や贈与で不動産を引き継いだが、それを購入した際の契約書はすでに紛失、一緒に受け継がれなかった場合がそれだ。

税務上、これは結構痛い。買ったときの契約書がなければ、購入金額を別の方法で証明することになる。たとえば買ったときの銀行通帳の履歴をもとに、当時の送金の流れを追ったり、その家を購入する際に用いられた不動産会社のチラシやパンフレットで証明したり、あらゆる方法をたどって探ることになる。

もし何も資料がなかった場合、売却金額の一律5％を概算取得費として見なすことになる。はるかに昔だと、購入金額が１０００円などと、今の金額に換算するとかなり小さくなる場合がある。そのようなときは、実際の金額と概算取得費のどちらか多い方、つまり売主が有利なほうを選択することもできる。

なお、概算取得費を使うと、仲介手数料などの譲渡費用を引いても、売却金額のほとんどが利益になる可能性がある。そうなれば、現状では所得税・復興特別所得税・住民税を合わせた20・315％が税金で取られる。つまりバブルのときに買った土地を安値で売った場合など、明らかにソンをしていても、契約書がないばかりにたくさんの税を払わなければならなくなる。このように概算取得費を使うと悲惨な結果になることが多いので、最近では「市街地価格指数」というデータをもとに、購入時金額を推定して導く方法もあるようだ。

不動産を買う際、おそらく多くの不動産屋はあなたのために分厚い資料ファイルを作り、売買契約書や諸経費の領収書などを一冊にまとめてくれるはずだ。これらは売却のときにこそ必要になるので必ず取っておこう。

また買った後、もしくは所有期間中にリフォームをしたなら、そのときの領収書も必ず保存しておいてほしい。物件の価値を上げる意味のあるリフォームに関しては「資本的支出」と捉え、取得費を大きくすることができる。それで売却時の税金が少なくなるというメリットが生まれる。

ソンしないための消費税の知識

消費税は何にかかるのか

建物と土地、という考えが出たところで、マイホームの購入とは切っても切れない関係にある税、消費税についても少し考えておきたい。

土地は、いくら使っても消費されて、消えるものではないため「消費物」ではないという考え方がある。そのため、土地を買っても消費税はかからない。一方で、建物は使えば使うほど、次第に傷んでいく。まさに「消費物」であるので、消費税がかかるケースがある。たとえば売主が業者で、あなたが新築のマイホームを購入した場合、建物分については当然、消費税を払わなければならない。

その消費税の取り扱いについて、売買をする人からも不動産屋からも、よく相談を受ける。その多くは、売買契約書上で売買金額が土地分と建物分に分けられておらず、単に「総額」のみが記載されている場合、消費税はどう考えればいいのか、ということである。

先に、税金を計算するためには、まず売却金額のうち土地と建物がいくらかを分ける必要があると記した。消費税も同様、この二つを分けることで、芋づる式に建物にかかる消費税の額は確定される。

しかし、売主としては建物の金額が小さければ、国に納める消費税が少なくて済むから、なるべく小さくしたいと考える。他方、買主としてはその家を買って、人に貸した場合など、減価償却費をなるべく多く計上すべく、建物の金額を大きくしたい。そうしたニーズの違いを埋めるべく、わざと土地建物の内訳を売買契約書に記載しない、という秘策がしばしば採られてきた。内訳がなければ、売主と買主も各自の認識が正しいと主張し、税金が有利になる按分方法で土地と建物の内訳を計算する。実際、その方法で税務署に申告することができてしまう。

この方法は売主、買主両者にとってメリットがあるので、意図的に内訳を示さず「総額」で表示されることが多いのである。

総額表示が招くトラブル

このようにした結果、同じ物件なのだが売主と買主の両者で、土地と建物の割合について認識が違うというおかしな状況も多々発生している。しかしこのように「総額」で表示すると、不動産屋の仲介手数料の計算に差異が生じる可能性が高まる。

宅建業法において仲介手数料は、不動産の税抜価額に対して、上限として「３・２４％＋６万４８００円」で計算される。つまり、仲介手数料を正しく計算するためには、税抜金額を計算しないといけない。そもそも土地と建物を分けざるを得ない、ということになる。それなのに、不動産の税込金額に対し、単純に「３・２４％＋６万４８００円」を請求してしまうケースがよくあり、それが判明したときにトラブルになる。

この計算を行えば、仲介手数料は「取りすぎ」となる。客が気付かないことはあるだろうが、不動産屋もこうした知識があいまいなケースがあるから困る。総額表示を前にしたら、十分に気を付けてほしい。

その日のために知っておきたい相続税

土地を相続する際の基準は「路線価」

人が亡くなり、相続対象者が財産を受け継ぐ際に発生する税金、それが相続税。亡くなった方（被相続人）が死亡した日に持っていた財産を「時価」で評価し、計算される。

現預金はその残高がまさに「時価」であるので分かりやすい。しかし不動産の場合は人によってその物件の査定金額が違ったり、周辺の相場にも影響されたりするので、「時価」がとても計算しにくい。

そこで、国税庁は毎年7月に「路線価」を発表し、相続税の算定基準となる指標としている。そして国税庁のホームページを見れば「路線価」が記された「路線価図・評価倍率表」（http://www.rosenka.nta.go.jp/）を誰でも閲覧することができるようになっている。

路線価図では、地図上の道路一つ一つに金額（路線価）が記載されており、その道路に面する土地の評価をする際に用いる。もし自宅の前の土地に「５００Ｃ」と記載されていたら、路線価の単位は1000円なので、路線価は50万円だ。その自宅の土地が100㎡なら、50万円×100㎡＝5000万円が評価額だ。実際に相続税評価額を計算する際には、より細かい補正計算を行うことになるがここでは割愛させていただく。

そのほか、路線価が付されていない地域では「倍率表」というものに基づき計算されることになる。路線価は、先述した公示価格、つまり実際に売買される金額の70～80％でおおよそ設定されている。土地は価格の変動の波がある。だから公示価格で課税してしまうと、波の一番高い部分で課税してしまったりして、年によって税金を多く取りすぎる恐れが生まれる。そのため、保守的な意味で、路線価を公示価格より低めに設定しているのだ。

そういった構造から考えるに、実際に売れる金額より、路線価は小さくなる。しかし、現在、郊外のようにいくら値を下げても土地が「売れない」場所が生まれているため、売れる金額より路線価のほうが大きくなる状況が見られるようになった。こうなると「路線価評価では相続税を取りすぎる」という状況になる。建物を評価する際に用いる固定資産税評価も実際に売買される金額よりも低く設定されてきたが、やはり同様の状況が見られている。

物件を買う人がいないということは、極端なことを言えば、1円まで値が下がる可能性があるということである。だからもし買い手がまったくいない、田舎の広大な土地で相続税が発生することになればどうなるか。たとえば1000㎡で、路線価が1㎡あたり5万円だったら、相続税評価額は5000万円。相続税率を30％と試算すれば、何も生まない土地であろうと、1500万円もの相続税が必要にもなってしまう。

小規模宅地等の特例

15年1月1日以降、相続税の基礎控除が下がり、相続税対象者が増えたが、同時に「小規模宅地等の特例」という制度における特定居住用宅地の適用面積が240㎡から330㎡へ拡大した。

この特例を簡単に説明すれば「自宅の土地の場合、その評価を8割減らし、2割で計算してよい」というもので、この改正はさらにその適用面積を広めた減税方向での対策となる。

そもそもこの特例は、自宅は残された配偶者や同居している子にとって生活の基盤になるもので、簡単に手放すことができないのだから、相続しただけで税金を課すのは酷という趣旨で83年に作られた。この小規模宅地等の特例で注意すべきは、330㎡までという上限面積が設定されていることだ。だからこの面積に収まるよう、不動産を持つことが重要となる。

たとえば、地価の安い郊外に住んでいる人が、都会へ資産組み替えをするケースを相続税率30％の場合を想定して考えてみよう。

①組み替え前

例：郊外にある自宅の敷地が1000㎡で路線価が5万円、つまり5000万円の価値を持っていたとき

（1000㎡×5万円－330㎡×5万円×80％）×相続税率30％＝相続税額1104万円

②組み替え後

例：郊外の自宅を売却、都会で同じ5000万円の価値の土地（100㎡で路線価50万円）に買い換えたとき

（100㎡×50万円－100㎡×50万円×80％）×相続税率30％＝相続税額300万円

郊外の広い土地を、都会にある330㎡以内の土地に組み替えることで、自宅の土地全体にかかる相続税を8割減の対象とすることができた。その結果、約800万円の相続税が節税されている。つまり同じ価値の土地でも、広い面積で地価の安い土地を持つより、狭い面

積で地価の高い土地を持っているほうが節税になるのだ。

以上のように、相続税に関して考えると、圧倒的に都会のほうが有利にできていることが分かる。しかし、これでは「資産家の方は都会に来てください」と制度が言っているようなもの。現実として資産組み替えをすべく、都心へ引っ越す人が増えているが、都心一極集中が問題になる昨今、果たして国としてそれでいいのか、ということはまた別の問題なのかもしれない。

家を売るなら知っておきたいノウハウ

「3000万円特別控除」は必ず知っておこう

マイホームを売却する際、おそらく最もおトクなのは「3000万円特別控除」という制度だ。売ったときと買ったときの差額、つまり利益から、3000万円を引くことができる。

実際には利益が3000万円も生まれるケースは稀なので、多くの場合、この制度を利用することで税金はゼロになる。マイホームは生活の基盤であり、その売買にあまりに多い税金を課すのは酷、という趣旨から設けられた。

　こちらも「住宅ローン控除」と同様、マイホームとして住んでいたかどうか、という事実によって、特例が適用されるかどうかが決まることに注意してほしい。

「買換えの特例」は何のためにあるのか

　マイホームを売却して、すぐに次の家を買い換える際に適用できる特例、それが「買換えの特例」である。投資目的の不動産売買でもない限り、売却で生まれたお金はすぐに次の物件の購入資金に充てられることが多く、税金を払う余力はない。それが分かっているのに負担を課すのは酷である、という趣旨から生まれた。

　この制度を使えば、本来、売却時に生じた利益にかかる税金を、買換え先の物件、それを将来売るときにまで繰り延べることができる。ただし買換え先の物件を売ったときには、そこで発生した利益への税金に加え、繰り延べられてきた税金もかかってしまう。だから厳密な意味では、節税とは呼べないだろう。しかも先の「３０００万円控除」との併用もできないので、マイホームで利益がでたら、ほとんどの場合「３０００万円控除」を選ぶことが多い。

ではなぜ「買換えの特例」があるのか、と疑問を持った読者もいることだろう。ポイントは、この特例が過去に繰り返し廃止が検討されてきたことと、不動産登記簿上に買換え特例を使ったことは記載されない、ということの2点である。

この制度が創設されたのは昭和27年であり、もう60年以上経っている。数十年間も過去の確定申告書を保存し続けることは、税務署にとっても納税者個人にとっても難しいのでは、という批判が創設当時からあった。実際この制度は、廃止（昭和44年度改正）、復活（昭和57年度改正）、原則廃止（昭和63年度改正）、一部復活（平成5年度改正）を経て今日に至っている。いつまた廃止となってもおかしくはないだろう。

そして親から相続した物件で、親が過去にこの「買換えの特例」を使っていたとしても、過去の確定申告書を紛失してしまっていれば、使ったか使っていないかが分からない。税務署に足を運び、過去に提出した確定申告書を調べて照会をかけるしかない。

それでも何十年も前になると紛失のリスクがあるだろうし、誰にもよく分からない状況になり得る。結果として子や孫の世代に禍根を残しかねないので、私の立場としてはおすすめしない。

利益が出なければ「譲渡損失の損益通算及び繰越控除」

この控除はマイホームを売却して、むしろソンが出た場合、その損失を給与所得や事業所得などと相殺することができるものだ。

ここでは軽く触れるだけにしておくが、通常、不動産の売買に際して生じた損失は、ほかの不動産を売って出た利益としか相殺できない。しかしこの控除を使うことで、その枠を超え、ほかの所得とも相殺することができることになる。

なお不動産を売却した年に相殺することを「損益通算」と呼び、控除しきれない分については翌年以後、3年間繰り越して相殺を続けることができ、こちらは「繰越控除」と呼ぶ。トータルとしては、4年間、マイホーム売却に係る損失を有効利用できることとなる。

空き家対策としての「空き家に係る3000万円特別控除」

近年、相続による空き家が増えている。そのうち、昭和56年5月31日以前に建築された旧耐震の家屋が放置されている場合、今後大きな地震が来たら崩壊する危険性が高い。

その対策として、早期の取り壊し、もしくはリフォームや売却を促す制度として設けられた。16年4月1日以降の売却が対象となる。

通常の3000万円控除は所有者自身がマイホームとして住んでいた物件が対象だが、この「空き家に係る3000万円特別控除」なら、生前親が一人で住んでいて、相続発生後は誰も住んでいない物件にも適用できる。

以上のような特例や控除を使うことで、売買時に節税することができる可能性があることは最低限知っておきたい。そしてこれらの特例は、やはり売却した翌年に確定申告をして、それではじめて適用されることも知っておこう。

買う際の住宅ローン控除や贈与税の制度もそうだが、各特例で要求される要件や条件はとても細かいので、ここですべては紹介していない。実際に利用を検討する場合には、自分のケースが本当に該当するかどうか、税理士、または税務署へ足を運んで相談をしてほしい。

「節税」という言葉には警戒を

「タワマン節税」は今後どうなる

「節税」といえば、資産家の間ではここ数年、現金を都心のタワーマンション、その高層階の1室に変える、という「タワーマンション節税」、いわゆる「タワマン節税」が流行していた。

そもそもマンションの場合、建物部分は固定資産税評価額が適用され、実際に売買される公示価格から見て50～70％程度の評価額になり、土地は路線価評価で70～80％ほどになる。

固定資産税評価額はマンション1棟の評価額から、部屋ごとの床面積で割って計算され、そこでは眺望などの価値は考慮されない。つまり、売買される価格が高い傾向のある高層階だろうが、低い傾向のある低層階だろうが、「同じ床面積なら、固定資産税評価額が同じになる」という考えを用いた節税方法だ。

高層階になればなるほど、実際の価格と固定資産税評価額との乖離が大きくなる。だから手持ちの現金をタワーマンションの高層階に変えれば、評価額を小さくできる状況が生まれる。しかも人気のタワーマンションなら、流動性も高いから、売って現金へ戻すことも比較的容易だ。こうした仕組みを利用したのである。

しかし、この方法を使うと誰でも大きな節税を簡単に実現できてしまう。この節税を利用した極端な例が、国税不服審判所裁決（11年7月1日）である。

このケースでは、高齢のA氏が亡くなる1か月前に、2億9300万円でタワーマンションを購入。その後、A氏が亡くなった10か月後に相続人B氏がその物件を2億8500万円で売却した。つまり、手持ちの現金を亡くなる直前に不動産に変え、すぐにまた現金に戻したわけだ。裁決としては、タワーマンションの購入価額2億9300万円で相続税の申告をするように、と国税からの指摘に沿ったものとなっている。

近年、このようなタワーマンションを利用した相続税対策が頻発したため、国税庁は2015年10月29日に記者発表を行い、「実際の売買価格と著しく不適当に評価額が乖離してしまうような過度な節税対策は認めない」との見解を示した。16年11月現在、18年以降に引き渡される新築物件において、高層マンションの高層階と低層階では、固定資産税評価額を高層階のほうがより高くなる税制改正を行うことを政府・与党で検討している。

こうした節税を現実として行う場合、息子や娘が郊外の土地を売りはらい、そこに住んでいた高齢となった親を、都心のマンションに引っ越しさせる場合が多いようだ。

相続税としては確かに安くなるかもしれないが、両親がそれまで築いてきた土地勘や思い出、地元の人間関係などの多くがリセットされかねない。その結果、引っ越し先になじめないことで、残りの人生を楽しめない可能性もあるだろう。

不動産は、人が生きるうえで密接な関係にある。しかも「タワマン節税」のように、同じ手法がいつまでも通用するとは限らない。それだけに、税金対策だけを極限まで進めるのは理論として正しくとも、現実としてはなかなか難しいのかもしれない。

税理士資格を持たない人の「節税」アドバイスは危うい

不動産が「節税」の道具に用いられやすいという背景から、不動産屋が税金の相談に乗ったり、申告書を代わりに書いてあげたり、コンサルティングをしてしまうケースが現実として少なからずあるようだ。

ここでご注意いただきたいのは、本来、税理士ではない立場の人が税金の相談を受けることは、税理士法第52条で固く禁じられているということ。タダだろうと有料だろうと、1回の相談であろうと、アウト。だからこそ、税理士免許を所有していない人から「節税」なんて言葉が出てきたら、安易にそれを信じてはならない。

15年1月1日以降、相続税の基礎控除が下がったため、相続税を払わなければならない対象者が増えた。そしてそれに比例して、怪しげな相続コンサルティングが跋扈している状況がある。特に悪質なもので目立つのが、最初は高めの相続税を提示し、それがいくらまで安くなったので、成功報酬として何パーセントかに該当する金額を要求する商法だ。

そこに「相続税対策」などと理由をつけ、不動産屋が絡み、客の所有不動産を売却させて相続コンサルティングの成功報酬と別に、さらに仲介手数料を稼ぐこともあるようだ。そして売却で得たお金で新しい物件を買わせ、資産の組み替えという名目でまた仲介手数料を稼ぐ。こうして客の大切な資産を毀損してしまう例が後を絶たない。不動産屋とのやりとりで「節税」という言葉が出てきたら、必ず警戒をしてほしい。

例外は今後も「意図的」に設けられる

不動産の売買にまつわる税金に例外が用意される理由

なお住宅ローン控除も、住宅資金援助も、あくまで一例で、こうした不動産の購入においての税制的な例外はいろいろと設けられている。それは、日本の富の多くを高齢者が抱えこんでいる現状を変えるために相違ない。

高齢になった親が亡くなり、すでに独立している50代や60代の子どもに財産が渡っても、

図15　世帯主の年齢階級別１世帯当たり保有資産の状況

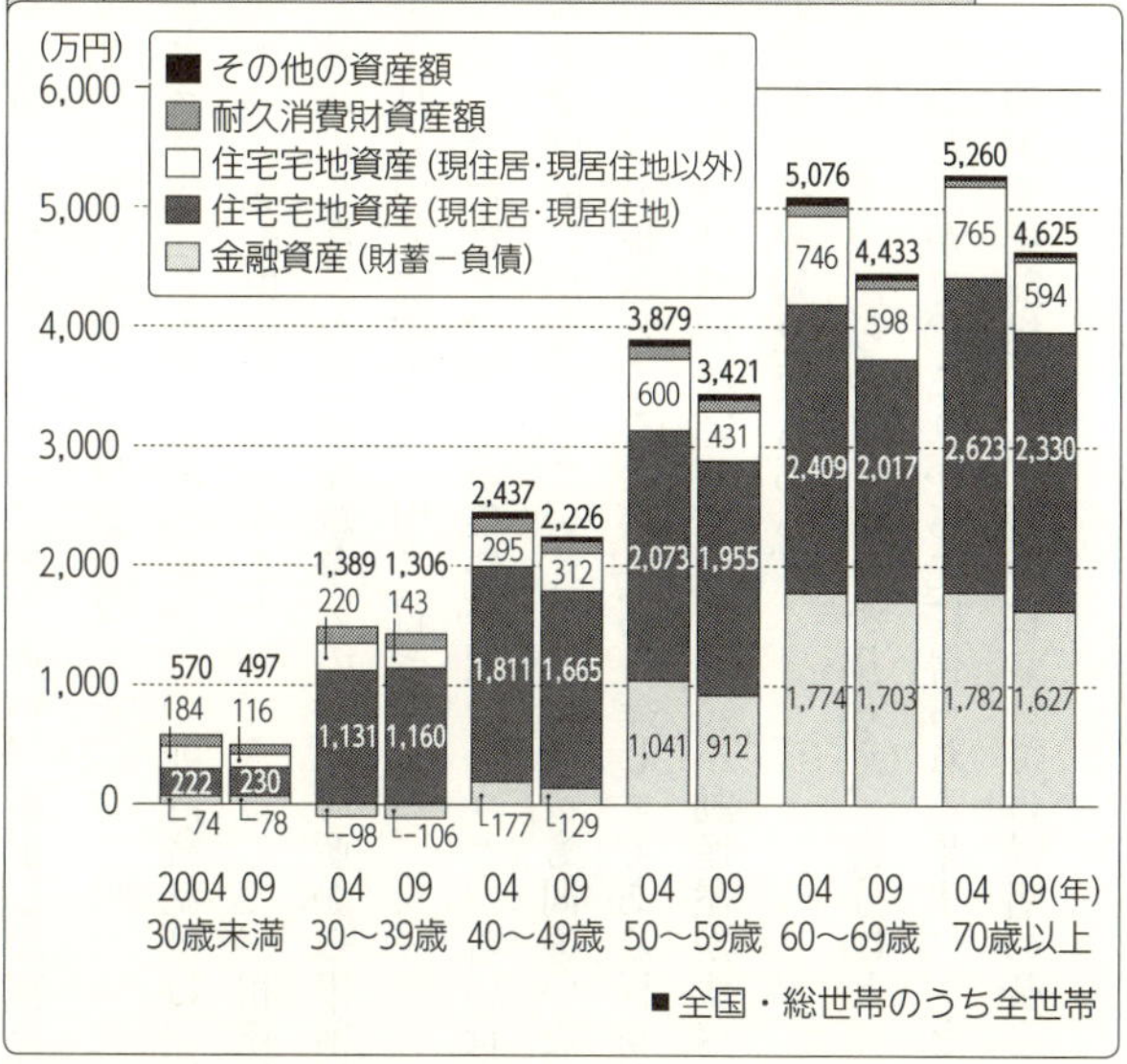

出典：2015年度「住宅経済データ集」

それを使うことなく、老後の蓄えとして再び貯蓄にまわす可能性が高い。家や教育資金として、大きなお金がすぐに必要となる若い世代にくらべ、それでは経済が活性化しないのだ。

日本に存在している私有財産を、現状で誰が所有しているのか調べると、図15のように、50代以上に集中していることが分かる。不動産の購入層として期待が高い、20代や30代どころか、40代まで蚊帳の外だ。

この状況が続けば、将来への投資どころか、目の前の経済成長が停滞しかねない。そこで特に近年、滞留した富を若い世代へ早急にまわすべく、家を建てやすい、買いやすい制度が意図して設けられてきた。

たとえば先述した住宅取得等資金の非課税制度は、贈与税がゼロであるのに加え、親の現預金という相続財産を減らすことができるので、相続税を減らす効果もあるので有効だ。また、親が亡くなった後の相続争いの対象財産から事前に外すことにもつながるうえ、贈与税の110万円基礎控除も、引き続き使える。

こうした背景で、細かい条件が変わろうと、若い世代に富が流れる制度、もしくは税制の例外が意図的に用意されていくことは今後も間違いない。

しかし、節税されることが「痛し痒し」である税務署がそうしたノウハウを懇切丁寧に教えてくれるわけではないし、もちろん不動産屋がすべてのノウハウを把握しているわけではないのが、やや残念でもある。

だからこそ、自らの頭でしっかり考え、自分にとってメリットを得られる方法を探る努力をしたかどうかで、これから先に得られる果実に、とても大きな違いが生じてくるはずである。その事実を前提とし、税金については読者の皆さんに賢く立ちまわってもらいたい。

最終章

不動産業界は革命前夜

動き出した「不動産テック」

不満とトラブルが満ち満ちた不動産業界は今

いよいよ最終章となった。ここまでで不動産における最新事情がよくお分かりになったとともに、いかに業界が守られ、国ぐるみで消費者がいいようにされているか、その実態もお分かりになったと思う。

しかし現実に目を落とすと、旧態依然でいようとする動きが長く続いてきた反動か、改革へ向かう動きが急速に進みつつある。そうした状況を一言で言うなら、革命前夜と呼ぶのがふさわしいだろう。

だからこそ、ここまでで記した売買や節税のノウハウ以上に、その大きな変化の流れに乗ることのほうが、もしかすると読者の皆さんにとって価値があることかもしれないと私は思っている。目の前の営業マンが真摯かどうか見抜けるか、税金の特例をうまく使えるかどうか、などということより、ずっと根本的な部分で変化が起こる可能性が目の前に広がっているのだ。

そこで最終章では、その動きを見つめて、これからこの業界がどう変わり、私たち自身の不動産との付き合い方がどう変わるか検討してみたい。

まず革命前夜というタイミングから分かるとおり、新しいビジネスチャンスを探している人にとって、不動産業界は狙い目であることは事実。特に不動産業の中でも、売買と賃貸の仲介業務はそうだろう。

そもそも不動産というものは、人が生活を営むうえでの基礎、衣食住のうち「住」を担うこともあり、市場規模が大きい。誰だろうと家には住むから、同時に家を借りるか、買う機会が生まれ、買った物件を売るか、貸す機会も増えて、間を取り持つ仲介業務も必要となる。

そして何より、現状の仲介業務が消費者の支持を得ることができていない。ニーズが満たされないどころか、「不利益を被っている」とまで感じる機会も多く、むしろ消費者の不満は鬱積している。

第1章で取り上げたように、東京都都市整備局だけでも不動産トラブルについての相談は年間に数万件も寄せられている。その整備局の担当者が、14年3月13日の一般財団法人不動産適正取引推進機構の講演でこう語っていた。

宅建業者のご担当の方々は、日常業務の中で、常にしっかりと顧客に説明を尽くしているとお考えかもしれませんが、現実には、日々の取引でこのような姿勢が欠如していることが多々見られることから、行政に持ち込まれるトラブル・紛争が後を絶たず起こっているのが実態ではないかと思われます。

業界の変遷を考えたとき、こういった不満で満ちたタイミングに、消費者から支持される商品・サービスが一度投下されれば一気に火がつく。それはユニクロが登場したアパレル業界しかり、低価格航空会社が活況を呈す航空業界しかり、ちょっと考えただけで、枚挙に暇がない。

だからこそ不動産業界も例にもれず、その革命をまもなく迎える、というか、その革命のど真ん中にいるといっていいと私は考えている。

半世紀変わらない仲介業務とコストに残された可能性

そもそも不動産の仲介業務が成立したきっかけは、明治初期、新政府によって土地の所有権と、土地の売買の自由が国民に認められたことによる。

当時の不動産仲介業は、今のように店舗を構えて、積極的に売主と買主を募集したのではなく、ほかの業務をしている一環で行っていたようだ。売買の両当事者または一方から相談を持ち込まれ、副業として土地の仲介を斡旋していた。こうした仲介業の発生については次の4つのパターンが典型的だったようである。

①町内の有力者が世話役として、頼まれて不動産の売買・賃貸の世話をしていたのが、やがて職業化したタイプ
②江戸期に発達した金融業者が担保流れ不動産の運用・処分をしているうちに、不動産業が主たる業務になったタイプ
③人材斡旋業者が副業としていた不動産斡旋が本格化したタイプ
④その他財閥各社や信託会社が仲介業務に乗り出したタイプ

特に③について、当時の人材斡旋業者は現代における「人材斡旋業者」より、業務の範囲が広かった。75年に社団法人東京都宅地建物取引業協会が刊行した『不動産業界沿革史』に

よると職業先の紹介に限らず、養子や結婚相手探し、さらに奉公人、芸者、遊女の斡旋まで扱っていた。売り手と買い手をマッチングさせる点で、不動産仲介と極めて類似した性格を持っているため、人材斡旋との兼業もスムーズに行えたようだ。

やや脱線したが、買主と売主をダイレクトにむすびつける方法があれば、契約や権利関係などの調整作業は残るかもしれないが、斡旋する役割は不要となる。そこにきて、誰かと誰かをつなぐ役割に長けたテクノロジーが登場した。それがインターネットだ。インターネットがここまで浸透した以上、仲介業を生業の中心にしてきた不動産業界の構造も変わらざるを得ないだろう。

単純なことだが、仲介手数料を減らすことができただけで、その分、流通コストが下がり、物件の値段は下がる。「値段が下がる」というのは消費者にとって非常に分かりやすいメリットであり、支持が集まるのも明らかだ。

そもそも仲介手数料の上限である「物件価格×3%+6万円」というのは、1970年の建設省告示で決められたもの。つまりこの額は、ほぼ半世紀にわたって変わっていないことになる。上限設定のはずが、いつしか決められた報酬になってしまった経緯もおかしいし、それほど長い期間にコストが下がらなかったサービス業など、おそらくほかに存在しないのではないだろうか。

そしてこの半世紀変わらなかった「仲介業務のあり方」と「高いコスト」こそが、これから起こる不動産業界の革命にとってのポイントであり、今の日本で、これほど分かりやすくチャンスが残されている産業は、ほかにほとんど見当たらない。

「フィンテック」に続いて「不動産テック」が必ず始まる

テクノロジーの発展のもと、不動産に先んじて、近年、大きな変革のときを迎えているのが金融業界だ。金融とテクノロジーを融合して生まれた新しい分野は「フィンテック（Fin Tech）」と呼ばれ、注目を浴びている。

世界中に点在するコンピューターにデータを分散し、改竄や破壊をすることが困難なネットワークを作る技術「分散型台帳技術」、いわゆる「ブロックチェーン」。この考え方を用いた仮想通貨の一般化により、これまで金融において仲介業を生業にしてきた銀行の多くが消える、という説も盛んに言われるようになった。

不動産業と金融業は、財産や資産を扱うという意味で、近しい距離の間柄にあると言える。実際、フィンテックの次に来る存在として「不動産テック（ReTech、Real Estate Tech）」

という言葉が生まれ、注目を集めつつある。

不動産テックの大きな意味合いとしては「テクノロジーの力で不動産取引をこれまでより円滑にする」という動きとなろう。だからスマホをかざして鍵を開けることができる「スマートロック」や、インターネットを通じて物件を実際に見に行くことなく、まるでその部屋の中にいるような映像を見ることができる「VR（バーチャル・リアリティ）システム」なども、広い意味でこれに該当する。

しかし、それらの技術では抜本的な改革につながるとはいえない。今業界と消費者が抱えている最大の問題は、不動産屋という役割そのもので、そこで働く人が、自分たちの利益を追求するためなら、消費者を欺くことをいとわない、というゆがんだ構造の革新にこそある。

そこに来て、世界的にフィンテックが凄まじい進化を見せはじめた。この先行した動きから不動産テックもインスピレーションを受け、急激な発展を遂げるのではないだろうか。

いずれも「仲介業の手間やかかるコストを廃す」方向で進む以上、おそらく両者の間では、同様の仕組みのテクノロジーが貢献してくれるものと推測される。だからこそ、そうしたサービスを不動産の可能性を知る誰かが投じたとき、不動産業界は本当の意味での革命開始となるはずだ。

グーグルすら越えられなかった壁

グーグルの挑戦はたった「1年」で終了

　しかし不動産業界に革命を起こすべく、これまでもすでに多くのチャレンジがあった。そして現実として、そのほとんどは不動産業界が築き上げた高い壁の前で、志半ばのまま散っている。たとえばあまり知られていないが、ＩＴ企業の王者であるあのグーグルも、不動産を検索できるシステムをこの日本で手がけていた。

　10年8月、「賃貸」に着目した彼らは不動産業であるジアースと、コンテンツライセンス契約を締結。グーグルが運営する地図コンテンツ、「グーグルマップ」上に、賃料、間取り、広さなどの条件を記入して検索すると、候補物件がマップ上に点で表示されるサービスを開発した。

　貸主にとっては無料で物件を載せることができる、というメリットがあり、一方で、借主はその不動産検索で気に入った物件があったら、ジアースを通じ、その物件を管理している不動産屋と連絡を取る、という仕組みを考えていた。

しかし結論から言うと、グーグルは、サービス開始の翌年、11年2月にこの不動産検索機能を終了。その理由は「思うようにサービスの利用増加につながらなかった」とされている。

「オークションサイト」の登場

なお、ジアースは社名変更前、アイディーユーだった当時の99年9月、日本の不動産流通に革命を起こすべく「マザーズオークション」というサイトを立ち上げている。当時のアイディーユーの発表によれば、このサイトは「不動産オークション市場の確立と独占化」を目指し、生まれたとされる。

確かにオークション形式であれば、商品（不動産）について一番高い金額を提示する人、つまり一番欲しがっている人が買うことができる。そこには経済合理性があるので、売主と買主の利益が最大化するはずである。法人、個人を問わず誰でも出展、入札することができ、入札価格がインターネット上で公開されるので、その価格形成の過程が誰にでも分かりやすく公平で、かつ透明性があった。

そして欠陥のある商品（不動産）が出回らないよう、運営会社側が売却希望者に対して、物件に関する詳細な書類を提出させ、審査を通過したうえで掲載する形をとった。オークションの参加者が安心して入札できるように配慮したわけだ。

売主と買主、その双方において理想的な売買がついに登場したということで、「マザーズオークション」はメディアを通じて大いに話題となった。美輪明宏氏を起用したテレビＣＭを盛んに流していたので、覚えている方も多いことだろう。同社の「平成19年8月期有価証券報告書」を見る限り、出展総額１６８１億円、落札総額５３６億円、加盟店舗数として１６２７店舗まで成長している。

なぜ理想的な売買がうまくいかなかったのか

しかし、その直後、08年にはサブプライムローン問題を背景とするリーマン・ショックが日本を直撃。その影響を受けた不動産市場は、すっかり停滞することになる。「マザーズオークション」も08年8月期には出展総額は２２８３億円、加盟店舗数１７７４店舗まで拡大していたが、落札総額は１１９億円まで減少（同社平成20年8月期有価証券報告書）。07年に１４９億円あった同社のオークション・仲介事業の外部売上高も、09年には2億円まで急落している（同社平成21年3月期有価証券報告書）。

これらの数字からは売主がいても、買主がいなくなり、オークションが成立しなくなったことが分かる。ビジネスモデルが悪かったというよりも、おそらく事業そのものが軌道に乗りかけたタイミングが悪かったのだろう。

そして、そうなる前も業績が良かったからといって、このオークションサイトの仕組みが優れていたと分析することはできない。なぜなら当時、不動産市況全体がバブルであり、外的要因による部分が大きかったからだ。現実としてこの会社に限らず多くの新興不動産会社が売上を急激に伸ばし、そしてリーマン・ショックを機に姿を消している。

さらに、当初このオークションは、消費者個人が売主・買主として直接参加する形ではなく、全国の中小規模の不動産屋が「加盟店」として入札代行、もしくは落札代行を行う形をとっていた。だから消費者から見れば、従来どおりしっかり仲介手数料を取られることになり、流通コストが下がることもなく、やや中途半端だったといえる。

その後、09年3月に発表された「株式会社アイディーユーリバイバルプラン」により、オークション参加者を、仲介会社のみが参加できるものから、誰もが参加できる形に変更した。よりオープンにすることで消費者の参加が増えるはず、と考えたのだと思うが、オークションに出すための書類集めやフォーマットへの入力作業が、専門家の不動産屋にとってすら負担だったのに、一般の消費者にはハードルはさらに高かったようだ。特段、利用者数が増えることはなく、ついに15年3月、サイトは閉鎖した。

この失敗からは、不動産取引において、物件情報を収集したり、整理をしたりする煩雑さ、そして一般の消費者を市場へ参加させることの困難さがよく分かる。ただし将来の公正な市場を生み出すために、一定の意味があるチャレンジであったし、もっと細かく分析すべき価値のある実例だと私は思う。

また、ＩＴ企業の代表格であるグーグルや、理想的なオークションシステムですら、日本の不動産業界に立ちふさがる壁を乗り越えられなかった、という歴史的事実は覚えておいたほうがいいだろう。

ソニーとヤフーの挑戦

「両手仲介」禁止をかかげるソニー不動産

近年の面白い動きとして、かつて家電大手として世界に君臨していたソニーと、インターネット検索の大手であるヤフージャパンが組んで、不動産業界へ挑戦を試みている事例を紹介したい。

ソニー不動産は「不動産に流通革命を起こす」という触れ込みで、ソニーが14年4月に設立した子会社だ。不動産業界の悪しき慣習にとらわれず、不動産取引の透明性を徹底させることを目標に掲げている。

彼らはここまで幾度もその問題性について触れてきた「双方代理」「両手」仲介に着目し、売主と買主の双方を担当することを原則として禁止。たとえば売主からの依頼なら、とにかく高い金額で買ってくれる人を探すことに尽力する、という消費者にとって有難いサービスを提供している。

一般財団法人土地総合研究所の不動産仲介会社へのアンケート結果をまとめた「不動産業についてのアンケート調査報告書」では、一年間の売買実績に基づく平均仲介手数料率が3%を上回る不動産屋が、実に69%を占めている。つまり、それほど「両手」仲介が多い現状がここから示唆される。そのような中で「ソニー不動産は片手仲介に専念する」と発表をしたことから、不動産業界で大きなニュースになった。

もともと、売主仲介のみを専門に扱う「売却のミカタ」というサービスを運営する、不動産仲介透明化フォーラムという企業があった。そこをソニー不動産が子会社化し、人材とそのノウハウを吸収したことから、この「片手」重視の文化が始まったようだ。

そして現在、ソニー不動産はヤフージャパンと組み、「おうちダイレクト」（https://real-estate.yahoo.co.jp/direct）という革新的な不動産売買ポータルサイトを運営している。このサイトは人工知能による不動産相場システムを備えており、それを使えば、売主は、現実に沿った基準で、物件の売買金額を自ら決定することができるようになっている。しかも、売主と買主が、サイトを介して直接コミュニケーションを取ることまででき、その気になれば、不動産売買を直で行える。

ここであらためて誤解を解いておくと、個人間でのマイホームの売買、つまり「直取引」は法律上、まったく問題ない。「宅建資格がないと」とか「司法書士が間に入らないと」などとも考えがちだが、売主も買主も納得いく状況で、あくまで個人間でマイホームを売買するのであれば、特別な資格は必要ないし消費税もかからない。それこそあなたが今日から、普通にやっていい売買なのである。

もし「おうちダイレクト」を介し、個人間のやりとりだけで契約までいったときには仲介手数料が発生しないというメリットがあり、交渉がうまくいかないときや希望したとき、ソニー不動産の営業マンが登場。調整や仲介をする流れになっている。消費者側からすれば、理想を形にしたシステムだろう。

ソニー不動産の苦戦が物語るもの

ソニー不動産は、会社設立時である14年に、5年後の19年の売上目標として500億円を掲げていた。だが16年8月に発表された15年度の決算公告（二期目）によれば、売上高は11億円にとどまり、当期純損失は4億8500万円となり、赤字である。

これらの数字からは親会社から受けた資金をもとに、まだ成長のための投資を進めている最中であることがうかがえる。そして16年の状況としては、お世辞にも順調に伸びてきたとまでは言えなさそうだ。

先述した「おうちダイレクト」の状況だが、細かい部門別のセグメント情報は公開されていないため詳しく知ることはできないが、新聞の記事に「サービス開始から3ヶ月たっても成約に至ったケースはない」（「日経MJ」平成28年2月24日付）と書いてあった。こちらも苦戦していることは間違いないだろう。

理由はいろいろあると思うが、16年の時点で利用者がこのプラットフォームを使って物件を売り出す場合、その細かい情報を定形のフォームに入力しなければならない。物件の表現方法や物件画像についても細かいルールがあるようだ。「マザーズオークション」のときと同様、どうしてもこうした事務作業が不慣れな消費者にとって、まず大きなハードルとなる。またオープンさを売りにした「おうちダイレクト」だが、不動産屋のサポートが必要となった場合、ソニー不動産しか仲介不動産会社としては入れない。そういった意味で実は排他的でもある。

ほかに仲介のサポートを受けた場合、売主の負担する仲介手数料は税抜きで「成約価格の1％＋6万円」である一方、買主は「成約価格の2・5％」と高く設定されているので、買主にとっては不公平感が残る。

これまでの不動産屋の業態で考えれば、物件が集まらないとそもそも商売にならない。だから従来の範囲で業務を行うのなら、どうしても売主を最優先にする不動産屋の性質が出てくる。ソニー不動産も結果として、買主を後回しにする傾向が生まれているのかもしれない。

また、ここまでお読みになった読者でお気付きの方もいるかと思うが、いくら社内で担当者を分けたとは言え、売主と買主から仲介手数料をもらう以上、外から見れば「両手」仲介である。さらに「おうちダイレクト」でほかの不動産屋の参加をブロックしていれば「囲い込み」をしているようにも見え、その設立趣旨からすると、やや矛盾しているようにも受け止められる。

ともあれマザーズオークションと同様、可能性はあるだろうし、筆者としてもその発展を期待したい。しかし現状での苦戦が物語っていることは、おそらく従来の不動産業の枠から離れない限り、その理想を達成することは容易でない、ということなのではないだろうか。

いよいよ本格化する「直取引」

仲介業者を通さないことでコストは激減する

図16のグラフを見ていただきたい。これはマイホームを売り買いする際、不動産屋を通すことによって発生しがちな費用について、私が整理したものだ。

もちろんいろいろな条件が加われば、すべての売買がこのとおりにはいかない。この点はご理解いただいたうえで、たとえば売主が「早く売りたいので不動産屋に5000万円くらいで買い取ってもらいたい」と思っているマイホームを売買する場合を考えてみよう。

図16　不動産屋を通すことによる費用

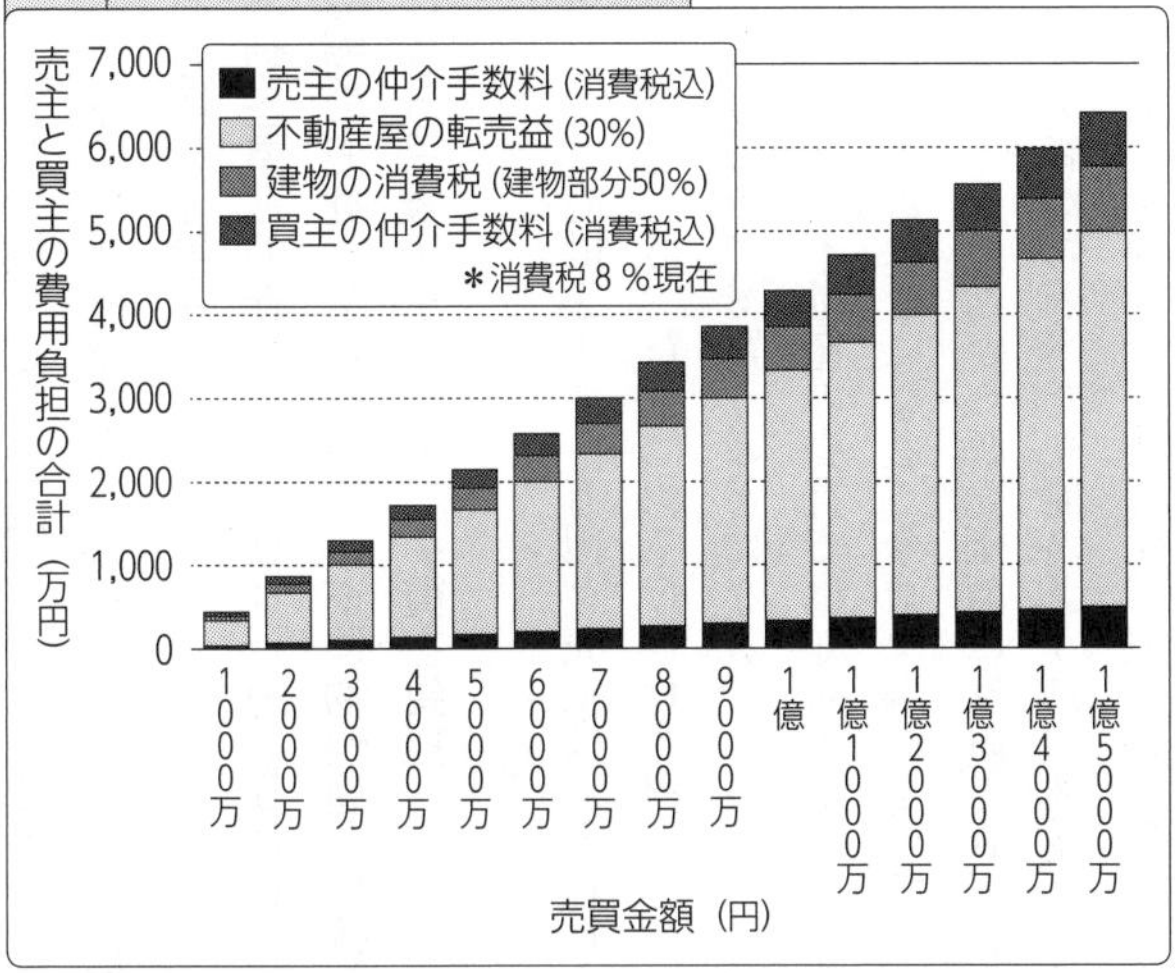

　ここでの売主、不動産屋、買主の関係を記すと、売主の個人（以下、売主）が不動産屋Ａを通じて、資金を保有する不動産屋Ｂに５０００万円で売却。不動産屋Ｂは転売益１５００万円を乗せ、不動産屋Ｃを通じて買主の個人（以下、買主）に６５００万円で売却した、というケースを想定した。

　グラフによると、売主と買主の費用負担の合計は２１４５万円。５０００万円前後の物件に対して実に４割以上の金額が費用として必要となる計算だ。以下に詳細を記す。

①不動産屋Ａが得る仲介手数料１６８万

円（売却金額5000万円×3・24％＋6万4800円）↓売主負担
②不動産屋Cが得る仲介手数料217万円（販売金額6500万円×3・24％＋6万4800円）↓買主負担
③不動産屋Bの転売益1500万円（5000万円×30％）↓買主負担
④建物の消費税260万円 ※建物価値を全体の50％とした場合（不動産屋の販売金額6500万円×50％×8％）↓買主負担

これで、合計2145万円。売主は「5000万円で売れればいい」と考えていた物件だが、現実として、買主は約7000万円（5000万円＋②217万円＋③1500万円＋④260万円）で買うことになる。

ほとんどの不動産の売買では知らず知らずのうちに、このような大きいコストを売主と買主で負担することになる。今回は事例として中古物件の売買をあげたが、新築購入の場合も、そのコストが最初から販売価額に反映されている。そこで発生した費用は、その売買にかかわった業者たちが当たり前のように、利益として配分する。

ではもし不動産屋を入れず、売主から買主の間で「直取引」（「個人間売買」と同義）することができたならどうなるだろうか。以下に試算してみよう。

①売主負担の仲介手数料は、不動産屋を介さないから168万円から0円に
②買主負担の仲介手数料は、不動産屋を介さないから217万円から0円に
③転売益は、不動産屋を介さないから1500万円は0円に
④建物消費税は、個人間売買なので260万円から0円に

このように2145万円と試算された費用負担は〝ゼロ〟になる。だから一般消費者が単純にマイホームを売る、もしくは買うことを考えるなら、「直取引」が圧倒的にトクである。

「直取引」のハードルは今

ではなぜ、これまで「直取引」が一般的に行われてこなかったのか。その答えは、極めて単純。売主が買主を、自らの力では見つけることができなかったからだ。

どんな物件が今売りに出ていて、誰が買いたがっているのか、それをつなぐ仕組みが既存の不動産屋を経由する以外、これまで存在していなかったため、外に情報が広がることもほ

とんどなかった。加えて、不動産取引に関する制度が一般の人には分かりにくく、煩雑にされたままだったことでそのハードルをさらに上げていたのである。

先述したとおり、国内の不動産の成約情報は「レインズ」という不動産屋しかアクセスできないサイトに載っているため、一般の人は見ることができていない。一方で、業者はレインズの成約情報をもとに、「相場」を知ることができている。

モノの売買において、「どれくらいの金額が適正か」が理解できる「相場」はとても重要な存在だ。それなのに相場を知らされないままで、その売買をすることになる一般の売主・買主は不動産屋に比べ、情報面でも制度面でも極めて弱い立場だったと言える。

そのほか、銀行も直取引をする際の障壁になっていた。

マイホームを買う人のほとんどが銀行で住宅ローンを組むことを考えると思うが、その審査を受ける際、「売買契約書」と「重要事項説明書」の写し（コピー）が必要となる。「売買契約書」は、司法書士も税理士も作ることができるが、「重要事項説明書」の作成については、資格という意味で宅地建物取引士が間に入ることが必要となる。そして銀行が融資の判断をするうえで、その両方に宅地建物取引士、つまり不動産屋がハンコを押したものを欲するため、これがまた直取引のハードルを上げてきた。

しかし情報が平等に、そしてスピーディーに開示されるインターネットの前で、それらのハードルがどんどん下がっている。ネットを介することで、売主が買主を自分で見つけることも、かつてのように不可能ではなくなっているし、売主も買主も賢くなってきた。

そうした変化の兆しが「直取引」の活発化に現れている。数字として正確な統計は存在していないが、仲間の司法書士と話していても、個人間売買の増加に伴い、不動産屋ではなく売主や買主から直接の問い合わせが増えていると聞く。

ちなみに気軽に相談できる司法書士が1人いれば、これ以上心強い存在はいない。彼らがいれば、現実として売買契約書の作成や所有者の本人確認、不動産登記簿の変更などができる。不動産に関する法律・実務に精通している司法書士は多く、相談相手としても向いている。

とはいえ、現実としては土地の権利関係が複雑であったり、金額が何億円にもなる物件であったりすると、売主と買主の間での権利調整や交渉が必要になることもあるだろう。そういった込み入った事情があれば、もちろん不動産屋に間に入ってもらったほうがいい。彼らがそれまで蓄積した知識や経験が、契約成立において絶大な効果を発揮するのも、また事実であるので、適時彼らの力を借りよう。

ただし、これからの時代の鉄則は「必要に応じて」である。業者間の競争が激しく、また業界構造の変化に伴い、現在は仲介手数料無料や半額、もしくは割引や立ち会い対応のみ、もしくは融資の相談のみなど、条件に応じた対応を行う業者が出てきている。

「直取引」が当然のものとして視野に入りつつある現在、もしくはこれから、不動産屋や関連業者とどう付き合うかは、あくまでこちらのニーズに合致する形で、主体的に、賢く行うべきである。

次に来るのは仲介手数料「無料」より先の世界

仲介手数料「半額」「無料」の登場

ここまで何度も記したが、不動産取引のネックの一つになっているのが、その仲介手数料の高額さである。そして上限値であることが事実なのに、満額を買主に請求するのは、いささか高すぎる、という事情の中、仲介手数料を下げる不動産屋が続々と現れている。

たとえばそれは、不動産流通システム（https://www.reds.co.jp）やコーラル（https://

colal.net）のように「仲介手数料半額」をうたう不動産屋だ。手数料が少ないからといってサービスに差があるわけではなく、あくまで差別化施策の一つとして、新参の不動産屋が掲げていることが多く見られる。

しかし、その流れが進みすぎた結果なのか、本来請求する権利がある仲介手数料を放棄、つまり「仲介手数料無料」を掲げる不動産屋も多く見られている。

あくまで私見だが、現実として、買主が手数料を払わなくとも、不動産屋はどこかでその利益を回収している。そう考えるに、購入金額にすでに乗っていたり（つまり結局、買主自身がその分を負担している）、売主から不動産会社へバックとなったりして流れているのかもしれない。もしくは売主が「広告費」という名目で違法に多く仲介手数料を払っているのかもしれないし、やや注意をしておきたくはある。

仲介手数料「無料」のさらに先の世界とは

また、従来の不動産業に求められるニーズが変化するなか、仲介業務や手数料のあり方そのものについても変化が生じはじめている。

たとえば賃貸の事例だが、「オンライン接客型の不動産屋」を掲げる、物件ポータルサイト「ietty」(https://ietty.me/)。こちらは、それまで店頭でしかしてもらえなかった物件案内などの対応をウェブ上でしてもらえるサービスで、不動産屋でプレッシャーを受けながら物件を見る、という雰囲気が苦手だった人にとっては嬉しいものだろう。内見前に不動産屋の担当者の顔が分かる工夫をして、利用者へ安心感を与えるとともに、実際に内見に行くと、逆に交通費として1000円がもらえるという、これまでにないサービスも展開している。

個人間で家を貸し借りする「SmartEstate」(https://www.smart-estate.jp)。彼らのサービスは、不動産会社を仲介しないため手数料が発生せず、賃貸契約の手続もウェブ上で完結するようになっている。ホームページを見る限り、賃貸だけではなく、売買も視野に入れているようで、正に不動産テックの象徴のような存在だ。

さらに、中古マンションの売却に特化した「マンションマーケット」(https://mansion-market.com)は、仲介手数料を「49・8万円(税別)」と定額にした「スマート売却」を提供し、注目されている。

ともあれ手間を減らす、仲介手数料を下げる、という方向性が不動産会社に生まれつつあることは消費者にとって理想的で、また当然の変化でもある。だからこそ、もしそういった先鋭的な試みを行う会社があったとしたら、積極的にコミュニケーションを取ることをオススメしたい。

おそらく彼らは不動産屋という立場でありながら、少なからず消費者のことや、業者のあるべき立場を考えているはずだ。すでに「家の仲介手数料の上限として30万円程度が妥当」と記したが、彼らの登場は正にそこに向かっている象徴だろう。

こうした方向で競争が進めば、この先もしかすると、手数料無料どころか、手数料を払ってでも不動産を売りたい、もしくは買ってもらいたいと主張する不動産屋が誕生するかもしれない、などと筆者は考えている。さらには、もっと高く買ってくれる買主を探してきたり、同じような条件の不動産をより安く売ってくれる売主を探してきたりと、よりあなたの「エージェント」化した不動産屋がたくさん現れるのではなかろうか。

ただし、そもそもの話として「手数料半額」という表現自体、「上限」なのにもかかわらず、「定価」のようにうたっていることになるので、そこをやや看過し難いのも、筆者としては事実なのだが。

これから家を買うときのバイブルは『ピケティ』

家の購入は一族の資産形成の第一歩

フランスの経済学者であるトマ・ピケティ氏。彼は著書『21世紀の資本』(みすず書房)において、「資本の収益率が経済の成長率を上回る時代が来た」、さらに「資産の富の増加が労働の生産性の向上を上回る」という理論を展開し、話題をさらった。

その理論を非常にかいつまんで言うと、これからの時代、財産を持っている人は、自分の労働を時間売りして稼ぐ人より、お金持ちになる可能性が高い、という話になるだろう。

人口減少が進む成熟社会では、相続こそ、最も重要な資産形成の機会となる。価値のある家を相続できれば、新たに家を買うこともなく、新しく数千万円にも至る借金を背負わなくても済む。浮いたその金額があれば、教育費や投資に回すことができ、そこからまた次のリターンへとつながっていく。こうして豊かな者はさらに豊かになる、というのがピケティ氏の主張である。『21世紀の資本』という本はかなり厚く、値段も張る本だが、不動産という大きな資産の未来を考えるのであれば、一読の価値はあるだろう。

さて、彼の理論を前提として家を買うのなら、その物件が次の世代（子ども）に価値があるかどうかを見定めることが重要だと言える。家を買うことは「一族の計」になるとすでに記したが、まさにこれから数世代にわたる資産形成の第一歩と考えて間違いない。

もしあなたの代で、次世代につなげられる自宅を買うことができたなら、ピケティ氏の言う「財産を持つ人」へのステップを踏むことができる。さらに、もし家を複数所有して、賃貸にまわすことができたとすれば、最終的に家賃収入が給料を上回る状態になったとしてもおかしくはない。

不動産という「財産を持つ人」、つまり大家さんは、そもそもどうやってその立場に至ったのだろう。考えてみると、おおよそ以下の3とおりになるのではなかろうか。

①地主タイプ…代々の土地持ちで、その土地を今も持っている人
②事業家タイプ…事業などがうまくいき、得た現金を不動産に替えた人
③借金タイプ…自ら働きながら借金をして、不動産を手に入れた人

①の地主タイプは、これこそがピケティ氏の理論を実践している人だと言えるかもしれない。ただ、先天的なものなのでどうしようもないし、土地持ちの人と出会って結婚すること以外、たどりつく方法はほとんどなさそうだ。

②の事業家タイプは、何かで成功して、それから不動産を入手するという、さらに狭き門だ。スポーツ選手や芸能人などが本業の稼ぎを不動産購入に充てているケースもこの典型だ。収入に波がある業種の場合、家賃収入のように、比較的安定的な収入を生み出す方法が好まれる。

また著名人でなくても、開業医などの収入が高い人が、その稼ぎを不動産購入に回している場合もある。彼らはある意味で①にも近いが、不動産で得た収入を活用して子どもも医者にし、一族としてますます豊かになっていく。

最後に③の借金タイプ。典型的なのは、会社員として勤めながら住宅ローンで家を買い、資産を築くケース。なお会社員という属性は、毎月の給料が借金の担保となるため、借金をしやすいという特徴がある。

ピケティ理論に基づく「家の買い方」とは

読者の多くはおそらく③の借金タイプに類型されるのではないだろうか。では、このタイプがピケティ理論に則って、勝ち組になるには一体どうすればいいか、現実的な方法を公認会計士の立場から提案してみたい。

一つ目は、マンションの1室を購入し、住宅ローン控除を10年間しっかりと受けた後に、さらに新たなマンションを1室購入する方法。

控除が終われば、住宅ローンをまた組んで、別のマンションへ引っ越す。注意事項として、前の物件は住宅ローンから外れて金利は上がるだろうが、賃貸に回すことで家賃収入を得て、その返済に十分充てられるものとする。このパターンを地道に繰り返せば、余った分の家賃収入は増えていく。いわゆる「やどかり戦略」だ。

もちろん借り手が見つからないリスクは考えなければならないだろうし、先述したとおり、先の見通しの立ちにくい時代だから、今の時点で、それが本当にできるかどうかまでは断言しにくい。

とはいえ、基本的には10年分の借金を返してから次に進む、という方法だから、リスクが高いと判断すれば、もう少し一件目にいれば問題はないわけだし、うまくいけば、自分は新しい物件に移ることができる。ともあれ、この戦略のポイントは、最初から人に貸すことを前提にマイホームを選ぶこと。だからこそ、これからの時代では「売ること」「貸すこと」が買うときの判断として重要なのだ。

二つ目の方法は、自宅を住宅ローンで買い、こちらはこちらで借金を払いながら、さらに別に借金を重ね、投資物件を手に入れて人に貸すケース。

最初の方法よりもリスクは高いが、最初から家賃収入を得て、返済に回すことができれば最終的なリターンとして大きくなる可能性があるのがその特徴だ。ただ、借金の額は当然大きくなるから、今の時点で二つの借金を返済し続けられるだけの財力や根拠がある人のほうがよいだろう。

いずれにせよ、どちらのケースも借金は重層的に増えていく。いずれ空室リスクが必ず生ずると考えれば、別途、会社などからの収入があることが前提となる。また借金を背負った結果、お金がまわらず、破産するリスクだってある。それに耐えうる強いメンタルも必要だろう。

よく不動産のローンを組めた時点で、その物件が「自分のものになった」「資産になった」という人がいる。雑誌や書籍で「月給20万円でも資産1億円」などとうたった記事を見かけるが、多くは借金返済中の物件を含んで、資産として計算をしている。

確かに法律上（登記簿上）では正しい。しかしローン返済が滞ってしまえば、銀行（保証会社）に競売にかけられ、その資産は簡単に失われる状況にあるという事実もあらためてここで知っておいてほしい。抵当権の実行に容赦はないのだ。

ローンを組んで家を買えたからといって、実際は「部分的に買っている」という捉え方が正しい。庭から、玄関から、洗面所から、元本を返済するにつれて、徐々に自分のものになり、逆にそれ以外の場所は「お借りしている」という認識ぐらいでいいのかもしれない。

以上のような話をすると、多くの方が興味を示すが、同じことを考えている人はすでにごまんといる。もし投機的な価値を不動産に見出すのであれば、ライバルに勝つための知識や経験、努力をさらに積み上げなければいけないことは忘れてはならない。

また、その意味では何より物件を選ぶ目と、その後の管理をいかにするかが勝敗を分ける。その点で不動産会社勤めの会社員は圧倒的に有利であり、すでに記したインサイダー取引ができる彼らの右に並ぶ職業は、今のところ見あたらない。

壁が崩壊する日はいつか

物件売買の成約情報は今すぐ開示すべきだ

ここまでで一般消費者が「レインズ」を見られないこと、そして不動産屋に「双方代理」が認められていることの、たった二つだけで、私たちが被る不利益が計りしれないことはお分かりいただけたと思う。業界で行われていることも、繰り広げられるいたちごっこも、複雑だし消費者には理解し難い。ビジネスセンスがあればある人ほど、この不動産屋の排他的なシステムに納得できないはずだ。

そこで一つ、この問題について提言したい。「レインズ」には物件売買の成約情報も載っているが、この情報こそ、オープンにすべきと私は考えている。

というのも、第2章でも触れたが「どの物件がいくらで売れたか」という成約情報を消費者が把握できることで、相場を誰でも把握することができるようになるからだ。相場をつかめれば「4000万円で売れるはずの家なのに3000万円で売られた」という、まるで詐欺のような売買にひっかかることを防ぐことができるはずである。

専属専任媒介契約と専任媒介契約を通じた成約情報は、「レインズ」に載せるというルールになっているものの、載せなかったとしても実質的な罰則はない。何度も載せないと、場合によって注意を受けるという、その程度だ。一般媒介契約に至っては、成約情報の登録義務すらない。

そうなれば「取り締まられないならOK」という不動産屋固有のコンプライアンスの捉え方が頭をもたげる。極端に安く売ったりした場合などは、そのことがバレないようにそもそも成約情報を載せなければいい。それで証拠は隠滅だ。

一般媒介契約に統一して改良すべき

現在「レインズ」に似たサイトとして、一般消費者が見ることができる「レインズマーケットインフォメーション」(http://www.contract.reins.or.jp/search/displayAreaConditionBLogic.do)や「不動産ジャパン」があるが、いずれも全情報の一部を載せているにすぎず、情報量の面で「レインズ」には及ばない。

このような事情を考えるに、消費者の利益を最大化するのならば、専属専任媒介契約と専任媒介契約のような排他的な契約方法をなくし、一般媒介契約に統一し、さらに改良を加えるべき、ということを進言したいと思う。

具体的な改良策としては、物件情報も成約情報も「レインズ」に載せることを義務化し、同時に「レインズ」を一般公開することである。載せない場合にはきちんと罰則を付けて、さらには双方代理を禁止すべきだろう。

なお、成約情報は個人情報の観点から公開できないという考え方がある。しかし既に一般公開されている不動産登記簿を見れば、物件所有者の名前と住所、その人が住宅ローンをいくら組み、いつ所有者が死亡して誰が相続したのかまで分かるわけで、明らかに論拠に乏しい。

国土交通省も「レインズ機能の充実の必要性について」(不動産流通市場における情報整備のあり方研究会)という報告書で「不動産流通市場の活性化のためには、市場の透明性・信頼性の向上が不可欠と認識して」いると明言している。

しかし不動産屋とのいたちごっこが繰り返される中、それを実現するためには、あと何年かかるだろうか。国の事情で築かれたベルリンの壁が、やはり国の都合で壊されたように、一般市民としては、いずれ訪れるかもしれないその崩壊の日を、ただ待つことしかできないのかもしれない。

不動産で人生は決まる

事実として不動産業界は日々進化しているし、他業種からの参入が相次いでいる。不動産テックの波に乗り、新しいサービスを生み出している不動産屋もいる。また、この本で取り上げたような問題意識を表明、自ら情報発信を始めている不動産屋もいる。いずれにせよ彼らは「消費者目線」を共有することを試みているのである。

仲介手数料半額を掲げる不動産屋はその表れだろうし、消費者のニーズを理解し、その信頼と支持を得ることで、確かに前進をしている。じきに仲介手数料を上限いっぱいに請求することと自体、客から不信を買う行為となることに業界全体が気付くはずだ。繰り返しになるが、ほかの士業の報酬と比べて明らかに「もらいすぎ」であるのは本書で記したとおりである。

しかしそうした新しい動きはまだ主流とは言い難いし、彼らは広告宣伝費に潤沢な予算をかけるほどの余裕もなく、大手不動産会社に比べると見つけにくい。また、現状だと宅建業法も、その行政の取り締まりも、業者に有利なままで放置されているのは事実だ。圧倒的な情報量の差や経験の差もあるし、消費者にとって、まだ厳しい時代は続くことだろう。だからこそ、基本的には消費者自身が、自らの力で情報を集め、各々のニーズに合った売買方法を見つけ出さなければならない。その作業をしたかどうかで、そしてその結果としてよい不動産屋に巡り会えたかどうかで、金銭面での違いはもちろんのこと、手に入れる家や資産が随分と変わってしまう時代に私たちはいる。

そんな時代にいるのだから、不動産屋のリップサービスやぼんやりとした国の制度に、ただ流されていてはダメだ。不動産を売買するのなら、調べた情報をもとに要望を整理し、それを外部へしっかりと伝えられるくらいにならないといけない。

最後に繰り返しとなるが、多くの消費者にとってマイホームを売買することは、人生、そして一族の大勝負である。もしあなたがごくごく一般的な会社員だったとしたら、はっきり言って、不動産で人生のほとんどは決まってしまう。何十年もその支払いを背負うことになりかねない不動産の売買で、失敗は決して許されることではない。

だからこそ、可能な限りに知識を深め、理論武装をし、自らの力でそれを人生で一番素晴らしい買い物にするべきだ。そして不動産屋をはじめとする関係者たちも、その買い物を後悔のないものにしてあげるために、すべての力を注いでほしい。

そのことを心から祈りつつ、私のメッセージを可能な限りに詰め込んだこの本をここで終えたい。

おわりに

この本は、今まさに不動産を買おうと考えている方、もしくは売ろうとしている方に向けて、そして実は、混沌とする不動産業の真っ只中で働く方へのエールとして書きました。

あなたがもしマイホームを買おうと考えたなら、ほとんどの場合、まず不動産屋に足を運ぶことになります。不動産営業から物件について説明を受け、銀行の融資担当者や設計担当者といったプロに囲まれていくうち、専門用語や理解できないやりとりにいつしか正常な思考を失い、本当に大事なことを自分だけ知らないのでは、という思いへ陥りがちです。

しかも今のゆがんだ不動産業界の中で周りを見渡しても、マイホームを売り買いする、その本人は文字どおり「一人ぼっち」。味方はいないのです。

でも安心してください。不動産について、最低限の知識でよいのなら、インターネットを駆使すれば、それだけで十分に賢くなれる時代になりました。それに加え、最新の状況や変わりゆく不動産業界の情報を詰め込んだ本書の内容を理解してもらえれば、まさに「鬼に金棒」。もう恐れることはありません。

そして、そうした消費者と相対する不動産屋の皆さん。彼らがどんな期待や不安を持ってその場に臨んでいるのか、この本を読んでいただくことで、より深く理解してもらえたのではないでしょうか。

彼らが抱いた不安に付け込むのではなく、それを解消させてあげることのほうが本来のあなたたちの役割のはずです。もしその事実を理解しようとしなければ、これから先の時代、次第に不動産屋は必要とされなくなっていくことでしょう。

私は公認会計士という立場上、不動産会社で働きはじめた新卒社員や中途で入った社員に向けて、不動産にまつわる税金について教える機会があります。各種の税法とともに、彼らにいつも伝えているのは「仕事を進めるうえで大きな不満やニーズを感じたのなら、それを解決できるサービスを考えてみてほしい」ということです。

この本を書いているのは16年の年末ですが、最終章でも取り上げたとおり、今なお不動産の分野にはたくさんのビジネスチャンスが残されたまま、放置されています。そしてそのチャンスに気付いた人から次々とトライを始めています。

そのいくつかは今までのように、泡となって消えてしまうかもしれません。しかし不動産テックが本格的に進むこれから、そして消費者がさらに賢くなるこれから、実を結ぶ可能性は大いにあると考えています。

いずれにせよそこで生まれる新しいサービスは、これまでの不透明で、消費者に優しくない不動産取引を遥か彼方へ追いやり、家を売買する人に、より大きな果実をもたらすほうへ進むはずです。私はそんな未来がやってくることを心より期待しています。

最後に、この本を書くにあたってお世話になった方へのお礼を記させていただきます。

監査法人時代の先輩である諸橋壮也公認会計士、税理士法人勤務中、そして独立後も助けてくださっている岡本勲税理士、また不動産の法律と銀行融資に精通した庄田和樹司法書士と井上由徳さんに、専門分野に関して、多くのご助言とサポートをいただきました。

そのほかたくさんの方々のご支援があって、この本を完成させることができました。皆さま、ありがとうございました。

最後に、この本を書く機会を与えてくださったラクレ編集部の吉岡宏さんには感謝の気持ちでいっぱいです。本当にありがとうございました。

2017年1月

山田寛英

図表作成・本文ＤＴＰ／市川真樹子

Chuko Shinsho La Clef

中公新書ラクレ 570

不動産屋《ふどうさんや》にだまされるな

「家《いえ》あまり」時代《じだい》の売買戦略《ばいばいせんりゃく》

2017年1月10日発行

著者 山田寛英《やまだひろひで》

発行者 大橋善光
発行所 中央公論新社
〒100-8152 東京都千代田区大手町 1-7-1
電話 販売 03-5299-1730
編集 03-5299-1870
URL http://www.chuko.co.jp/

本文印刷 三晃印刷
カバー印刷 大熊整美堂
製本 小泉製本

Published by CHUOKORON-SHINSHA, INC.
Printed in Japan ISBN978-4-12-150570-5 C1233

中公新書ラクレ刊行のことば

世界と日本は大きな地殻変動の中で21世紀を迎えました。時代や社会はどう移り変わるのか。人はどう思索し、行動するのか。答えが容易に見つからない問いは増えるばかりです。1962年、中公新書創刊にあたって、わたしたちは「事実のみの持つ無条件の説得力を発揮させること」を自らに課しました。今わたしたちは、中公新書の新しいシリーズ「中公新書ラクレ」において、この原点を再確認するとともに、時代が直面している課題に正面から答えます。「中公新書ラクレ」は小社が19世紀、20世紀という二つの世紀をまたいで培ってきた本づくりの伝統を基盤に、多様なジャーナリズムの手法と精神を触媒にして、より逞しい知を導く「鍵《ラ・クレ》」となるべく努力します。

2001年3月